August Trümpelmann

Luther und seine Zeit

Volksschauspiel

August Trümpelmann

Luther und seine Zeit
Volksschauspiel

ISBN/EAN: 9783743645240

Hergestellt in Europa, USA, Kanada, Australien, Japan

Cover: Foto ©Thomas Meinert / pixelio.de

Weitere Bücher finden Sie auf **www.hansebooks.com**

Luther und seine Zeit.

Volksschauspiel

von

August Trümpelmann.

Neubearbeitung der im Jahre 1869 im gleichen Verlage erschienenen „Dramatischen Dichtung" gleichen Titels.

Gotha.
Friedrich Andreas Perthes.
1888.

Luther und seine Zeit.

Der

Bürgerschaft Torgaus

gewidmet.

Vorwort.

Schon vor zwei Jahren war ich von dem hiesigen Lutherfestkomitee *), dessen thatkräftigem Vorgehen das Herrig'sche Stück seinen Zug durch die Lutherstädte Deutschlands verdankt, aufgefordert worden, aus meiner im Jahre 1869 erschienenen Dichtung „Luther und seine Zeit" ein aufführbares Volksstück herauszuarbeiten. Aber äußere Verhältnisse, in der Hauptsache die Überbürdung mit amtlichen Geschäften, zwangen mich, davon abzusehen; da jedoch wieder und wieder dasselbe Ansinnen an mich gerichtet wurde so gab ich nach, und biete nun das vorliegende Werk.

Das historische Volksschauspiel hat nicht die Aufgabe, die psychologische Entwickelung von Einzelcharakteren zu geben, wohl aber eine schärfste Charakterisierung der Zeit und der auf sie einwirkenden That des Haupthelden. Daß aber dies wieder nicht möglich ist, ohne in die Seele des Helden zurückzugreifen, liegt auf der Hand.

---

*) Es sind die Herren Fr. Conrad, O. Eberhardt, Curt Jacob, G. Illge, Reiche, G. Reinbeck, Dr. O. Taubert, Dr. M. Wagner, O. Wenck und W. Wollschläger.

Die Hauptschwierigkeit eines Schauspiels dieser Art besteht darin, die Einzelthatsachen des geschichtlichen Gesamtereignisses so auszuwählen und so zu gruppieren, daß sie sich als eine geschlossene Einheit zeigen, die auch demjenigen durchsichtig sein muß, der von der Geschichte wenig oder gar nichts weiß. Den Chorus und andere Hilfsmittel äußerlicher Art zur Verbindung der einzelnen Teile habe ich verschmäht und den Zusammenhang und die Einheit durch perspektivisch geordnete Einzelbilder zu gewinnen gesucht. Der Leser und Zuschauer wird sofort wissen, ob es mir gelungen ist oder nicht.

Möge mein Buch dazu mithelfen, dem deutschen Volke den größten Mann, den es je hervorgebracht hat, wieder näherzurücken, die Güter, die er uns und der ganzen Welt erstritten, als ein Unverlierbares von neuem lieb und teuer zu machen und Luthers That immer klarer als die eigentliche Großthat unseres Volkes erscheinen zu lassen.

Torgau, im August 1887.

Der Verfasser.

Erstes Bild.

Vor den Thoren Erfurts.

(Gesamtraum der Bühne.*)

Erster Auftritt.
[Zwei Mädchen kommen.]

Erstes Mädchen
(singend).

Und hat mein Schatz auch leichtes Blut,
Ich bin ihm doch von Herzen gut;
Wenn seine Untreu' mich verläßt,
So hält ihn meine Treue fest!

Zweites Mädchen.

Welch garstig Lied! du bist vernarrt!
Wer heut' vor meiner Thüre scharrt
Und morgen einer andern girrt,
Der hat sich sehr in mir geirrt.
(singt:)
Willst du ein Plätzchen
Hier im Herzen,
Dann treu, mein Schätzchen,
Ohne Scherzen!
(Zwei Burschen kommen, die Mädchen einholend.)

---

*) Anm.: Die Bühne hat natürlich einen Hauptvorhang, hinter demselben aber ist sie zweimal durch Zwischenvorhänge, die nicht von oben herunter rollen, sondern zur Seite gezogen werden, geteilt. Dekorationen sind entbehrlich. — Frauenrollen können, mit Ausnahme der der Käthe, von Knaben und Jünglingen gegeben werden. — Die in Klammern geschlossenen Stücke der Gespräche können, gegebenen Falles, bei der Aufführung fortgelassen werden.

Erster Bursche.
Wie ich's gesagt, wenn's geht zum Tanz hinaus,
So seid ihr beide immer doch voraus!

Zweites Mädchen.
Mit nichten! nein, das war nicht unser Sinn!

Erster Bursche.
Sei nicht so bös, daß ich so wahrhaft bin.

Zweites Mädchen.
Du flickst uns immer was am Zeug!
Nein, nicht zum Tanz, nicht zum Pläsier,
Zum Ablaß, Bursche, wollen wir! —
Kommt ihr mit uns, nicht wir mit euch!

Zweiter Bursche.
Topp! erst zum Ablaß, dann zum Tanz!
Macht's so die Grete, macht's auch Hans.

(Sie gehen lachend zusammen ab.)

Zweiter Auftritt.
[Alte Nonne und Novize, dann ein Franziskanermönch.]

Alte Nonne (auf die Abgehenden deutend).
Wie jubeln sie in wilder Erdenlust
Und schlürfen von dem Taumelkelch der Welt!
O segne dieses Kleid, das schirmend dich
Umschließt mit seinem Ernst.

Novize (seufzend).
Ich segne es.

Alte Nonne.
Unheil'ge Freude hat nun keinen Teil
An dir. Bald ist das Probejahr dahin,
Dann ruft der Herr die neue Himmelsbraut,
Und selig feierst du die himmlische

Vermählung. O, dann schweigt vor dir der Jubel,
Es weicht voll Achtung dann die Welt zurück,
Wenn du im Glanz der Heiligkeit dich nahst!

Novize.
Demütig harr' ich und voll Sehnsucht, Schwester,
Des Tags, der mit des Himmels Kranz mich schmückt.
(Indem die Beiden zur Rechten langsam verschwinden, zeigt sich zur Linken der
Franziskaner.)

Franziskaner.
Du armes junges Ding! man hat dich schon
Umsponnen, um dein bebend Herz das Garn
So fest geschnürt! Noch kämpft es, und es schlägt
Voll Widerspruch, doch — du wirst lügen, wie
Sie alle logen! logst ja heute schon.
(Mit Schmerz.) Ein jeder kennt die Lüge, lügt dem andern,
Und keiner hat den Mut, es zu gestehn.

Dritter Auftritt.
[Es kommen zwei Dominikaner rasch heran, die Bettelsäcke auf dem Rücken, den
Franziskaner grüßend.]

Erster Dominikaner.
Salveto frater! Lieblich sind hienieden
Der Boten Füße, die den Frieden
Verkündigen.

Zweiter Dominikaner.
      Salveto!

Franziskaner.
          In nomine domini!

Erster Dominikaner.
Qui regnat in aeternum. Wie?
Gedeiht bei euch die Theologie?
Seid ihr auch kräftiger Tröstung beflissen,

Wenn Ketzer turbieren die armen Gewissen?
Man hört wohl hier und dorten raunen,
Als ging's bei euch nicht sauber zu,
Hättet jetzt auch so eure Launen,
Und störtet der heiligen Kirche Ruh',
Wie der Prediger Salomonis spricht:
„Wer Pech angreift, besudelt sich."

Franziskaner.

Seid in der Schrift ja schön belesen,
Und fühlt, wie wir, der Kirche Schmach.
Wir treiben, wie ihr, so unser Wesen
Und fragen nicht viel den andern nach. (Ab.)

Erster Dominikaner.

Der da? was meinst du? Meiner Seel',
Den hätte der Teufel längst an der Kehl',
Wenn er nicht in der Kutte steckte
Und nicht die Kutte den Ketzer deckte.
Ein Python ist er, ein Drachensohn,
Von dem Ovid im liber Metamorphoseon
Weissagt, einem Buche — bei meinem Leben!
Vom heil'gen Geiste eingegeben! —
Und wer die heil'gen Schriften kennt,
(Mit Selbstbewußtsein.) Der weiß, wo des Geistes Fackel brennt.
's ist eine schändliche böse Zeit,
Verwirrung und Neuerung weit und breit!
Das ist ein Klingeln und ein Schellen,
Das ist ein Kläffen und ein Bellen,
Man zankt sich den ganzen Tag herum,
Und es liegt banieder das Studium.
So wird die schöne Zeit verloren!
Ich las des Ovidius Amoren,
Das hat mich selber angefacht:
Manch' schönes Verschen hab' ich erdacht.

Zweiter Dominikaner.

Manch' Verschen von Euch? o laßt sie hören!
Lasse mich gerne von Euch belehren.

Erster Dominikaner (mit übertriebenem Pathos).

O Venus, du, der Lieb' Erfinderin,
Du harter Männerherzen Bänd'gerin,
Warum ist Amor feindlich mir, dein Sohn, gesinnt,
Daß nun mein Herz die schöne Rosa minnt?
O schöne Rosa, wie die Rose lachend,
Wie Sterne glänzend, Liebesglut anfachend,
Laß auch dein Herz in Lieb' zu mir entbrennen,
Daß dich mein Mund mög' **meine Rosa** nennen.

Zweiter Dominikaner.

Wie tiefer Sinn sich schönen Worten paart
Und für den Sinn kein Wörtlein ist gespart,
Und wie die Reime rein zusammenklingen!
Ihr könntet mich wohl weiter bringen.

Erster Dominikaner (immer sehr selbstbewußten Ausdrucks)

Ich kann Euch führen auf Schritt und Tritt,
Brachte die Kunst von Köln mir mit.
Bin euch in jedem Sattel gerecht:
Auf dem Pegasus ein mutiger Reiter,
In arte dialectica ein tapferer Streiter
Und werfe nieder Herrn und Knecht.
Versucht's: ich knacke die härtesten Nüsse.
Doch jetzt verlacht man solche Künste,
Nennt's eitel Tand und Hirngespinste,
Verachtet Konklusionen und Schlüsse,
Wie die Stimme des Propheten spricht:
„Mit sehenden Augen seh'n sie nicht."
Doch — nährt solch Reden auch den Geist,
Wird doch der Körper nicht gespeist;
Der Weg war lang — der Magen knurrt —

Zweiter Dominikaner.
Und meiner hat schon lang gemurrt —

Erster Dominikaner.
Blickt Euch erst um! ist keiner in der Näh'?

Zweiter Dominikaner.
Die Luft ist rein, so weit ich seh'.

Erster Dominikaner.
Kommt, setzt Euch.
(Sie lassen sich nieder. Der erste zieht ein Brot aus dem Sack, dann ein Stück Fleisch.)

Zweiter Dominikaner *(erschrocken)*.
Fleisch?

Erster Dominikaner *(beschwichtigend)*.
Ein kleines Stück!

Zweiter Dominikaner.
's ist Freitag, müssen's uns versagen!

Erster Dominikaner.
Nur ruhig, bringen's schon ins Geschick,
Das Gewissen soll uns nicht verklagen,
Es hat des Kreuzes heil'ge Macht
Schon manches wieder ins Gleis gebracht.
(Schlägt mit Würde über dem Fleisch ein Kreuz.)
Fiat piscis, es werde Fisch!
So darf es schmücken unsern Tisch!
(Indem sie essen.)
Du lieber Gott, 's ist stürmisch in der Welt,
Da freu' sich noch, wem's gefällt!
Wir müssen büßen in Sack und Asche —
(Der zweite trinkt.)
Gesegn's Gott! gebt mir die Flasche!

Zweiter Dominikaner.
Der Mensch lebt nicht vom Brot allein,
Drum gab der Herrgott ihm den Wein.
(Reicht die Flasche hin.)

Erster Dominikaner.
Er ist so recht für betrübte Seelen,
Die sich ums Wohl der andern quälen! (trinkt.)
 Wär' nicht der Tetzel, ich könnte weinen;
Er hält uns allein noch auf den Beinen.
Und weil er ihn neidet, den großen Mann,
Drum greift ihn der Augustiner an.
Woll'n sehn, welche länger in Deutschland blühn,
Vom Dominikus die oder vom Augustin! —

Zweiter Dominikaner (schwärmerisch).
O daß ich den Tetzel nur einmal sähe!

Erster Dominikaner.
Leicht möglich! ist er doch in der Nähe!
Denn bin ich recht ihm auf der Spur,
So streift er heute durch Erfurts Flur.
Die Stadt ist's selber ja nicht wert,
Daß ihr solch' Heil und Gnade wird beschert.

Zweiter Dominikaner (erschrocken).
Da kommt wer!
 (sie springen auf)
 Nehmt den Sack! schnell fort!
 (Beide eilig ab.)

Vierter Auftritt.
[Eoban Hesse, Bebel, Jonas, Lange — Humanisten, Männer der klassischen Sprachgelehrsamkeit, erscheinen im Hintergrunde.]

Hesse (hervortretend und herzlich lachend).
Wie schnell die heiligen Brüder dort
Enteilen, wie gescheuchtes Wild! es brennt
Der Boden; immer stärker schürt das Feuer
Der Augustiner. Und der Unsern einer

Ist er, aus unserem Kreise löste er
Sich ab, als er des Klosters Schwelle suchte.

Bebel.

Zähl' den nicht zu den Unsern, Eoban!
Er ist es nicht und ist es nie gewesen.
Was jetzt ihn von dem Tetzel trennt, was anders
Kann's sein, als eitel Möncherei? entbrannte
Nicht oft um einen Knochen schon ein Streit,
Ob er auch einst dem heiligen Crispin
Als Finger diente, wenn er für die Armen
Das Leder stahl? Und zornig stellt ein Schächer
Am jüngsten Tag sich ein, der an dem Galgen
In freier Luft gestorben, fordert sich
Dann von der Kirche seinen Finger, den
Zum Heil der Gläubigen sie ihm gestohlen!
Indes in aller Ruhe es zu sehn,
Wie diese Eulenschar sich selbst verwundet,
Des Fanatismus Wut im eignen Lager
Den Feind sich sucht — ein Anblick ist's, so schön,
Wie schöner er sich gar nicht bieten kann!

Hesse.

Du bist kein Kritikus, Freund Bebel, bist
Ein Kritikaster, bist mit Keinem ja
Zufrieden, nörgelst immer; sind die Sätze,
Die fünfundneunzig, eitel Möncherei?

Bebel.

Ein Unkenruf und fünfundneunzigmal
Hartnäckig wiederholt. Bewunderst du
Solch' Wiederkäu'n? Die fünfundneunzig Thesen
Drehn sich langweilig nur um einen Punkt,
Um Ablaß und um Buße, Buß' und Ablaß.
Mir war's, als ob mich ekle Fledermäuse
Umflatterten, der düstern Nacht Geburt.
Nein, Eoban, der ist kein Lucifer,

Der bringt kein Licht der Menschheit! Wir, die Jünger
Der Wissenschaft und echter Menschlichkeit,
Die Humanisten, wir nur können öffnen
Des Fortschritts Bahn, denn es umdunkelt nicht
Der Kirchenglaube unser Haupt, der doch
Dem Luther noch in allen Gliedern steckt.
(Das Kreuz hinweg! das finstre Zeichen!
Fort, Holz des Todes! Leben soll es geben?
O welch' ein Hohn! das frohe Leben flieht,
Wo dieses Todeszeichen sich erhebt!
Dich, große Göttin, dich, Natur, dich bet'
Ich an, und „dir gemäß zu leben" ist
Mein Wahlspruch, und kein Nazarener soll
Mich um des Lebens Vollgenuß betrügen.)
   Ich würde eher, sollt' ich wählen, mich
Zu Tetzel schlagen; läßt der Ablaßkrämer
Doch mit sich reden!

Hesse.
   Aber Luther sagt:
Entweder, oder; läßt nicht mit sich markten.
's ist mehr dahinter, als bloß Möncherei
Freund Bebel; glaub's, es steckt ein Geist darin,
So eigenartig groß, so stark und mächtig —

Jonas (einfallend).
Wie eines Gottgesandten klingt sein Wort!
Wie ein Prophet, so voller Geist und Glut
Läßt er sein Wort an alles Volk ergehn
Und überläßt's dem Worte, daß es zünde.
Allein für diesen Geist hat unser Bebel
Nun einmal kein Organ und muß drum schweigen!
(Bebel verbeugt sich dankend. Hinter der Scene jubelndes Volk. Wirres Rufen:
   „Heil dem Gottgesandten!"   „Nicht Hell!"   „Hoch, hoch! Hurra hoch!")
Was soll das Schrei'n? Wem gilt das Hoch? ei, sollte
Es Tetzel gelten? sagte man mir doch,
Er würde bald auch hier sein Wesen treiben.

Von Günstedt soll er kommen, soll dort gutes
Geschäft gemacht und derb gehandelt haben.
(Im Hintergrunde der Bühne vorüberziehendes Volk. — Jonas deutet auf die
Leute.)
's ist sicher so, das alles geht zum Ablaß,
Sehn wir uns auch einmal die Posse an!

Hesse (nach dem Hintergrunde deutend).

Wahrhaftig, ja! da kommt er! doch nicht mehr
In alter Pracht!

Jonas.

O wie bescheiden jetzt!
Sonst schritten ernst des Rates weise Herren
Dem Zug voran, die ganze Geistlichkeit
Der Stadt war sein Gefolge, alle Glocken
Ertönten, in die Kirche ging's: ein Kreuz
Stand, strahlend ganz im Golde, vor der Bulle,
Die auf rotsammt'nem Kissen lag. — Das Kreuz
Trägt man ihm noch voraus und weil den Kram
Man aus der Stadt ins Feld verlegt, wird auch
Sogleich ein Altar ihm vorangetragen.

Fünfter Auftritt.

[Ein Mönch mit goldenem Kreuze auf einer Stange voraus. Dann der Altar, von
vier Mönchen getragen, dann die Kasse, dann Tetzel selbst. Die Kasse wird auf
den Altar gestellt. Tetzel tritt vor und auf die oberste Stufe des Altars. Es
schart sich (nach vorn) vor dem Altare das Volk. Man erkennt unter dem Volke
diejenigen, welche vorher die Bühne überschritten haben, die Mädchen, die Burschen,
die Dominikaner und Humanisten, welche, für sich besonders, lachend mehr zur
Seite treten. Nicht erscheinen wieder die beiden Nonnen und der Franziskaner.]
(Tetzel vor dem Altare, ein goldenes Kreuz hoch emporhaltend, dann es weithin
über das Volk ausstreckend, dann wieder hoch emporhaltend, hierauf giebt er's
einem der begleitenden Mönche.)

Eoban Hesse.

Nun seht mir diesen Pfaffen!

Jonas.

Diese Frechheit!

Alter Mann (sich aufrichtend zu Jonas).
Frechheit? Ihr lästert, schmäht den Boten Gottes!
Es wird das Wort in Eurer Todesstunde
Euch auf der Zunge brennen.
Jonas.
Hoff', es soll
Dies Wort das Sterben mir erleichtern. Alter,
Ihr seid der einz'ge wohl, der's noch nicht weiß!
Alter Mann.
Was wüßt' ich nicht?
Jonas.
Ein Augustinermönch,
Martinus Luther heißt er, hat die Augen
Uns aufgethan, schlug fünfundneunzig Sätze
An seiner Kirche Thüre an: nur Lug
Und Trug ist's mit dem Ablaß!
Alter Mann (abwehrend).
O, der Ketzer!
Hesse.
Ihr seid ein gutes Zeichen, Alter, mir:
Es stirbt mit Euch die alte Zeit dahin. —
Tetzel (mit überlauter Stimme).
In nomine dei, im Namen unsres Gottes!
Kommt, tretet näher! Kommt, ihr Alten! Kommt
Ihr Jungen, alle kommt, hier wird das Heil
Der Welt euch feilgeboten; voller Mitleid
Ob eurer Sünde, streckt der heil'ge Vater
Von Rom euch seine Gnadenhand entgegen, —
Nach Deutschland reicht er sie den deutschen Kindern!
Doch, daß ihr merkt der heil'gen Kirche Macht,
Soll dieser erst ein Stücklein euch erzählen,
(auf einen der begleitenden Mönche deutend)
Wie er's so schön schon anderwärts erzählte.
Begleitender Mönch (tritt vor, neben den Altar).
Ein Straßenräuber kam einmal

Von seiner Burg herab zu Thal.
An einer Kirche führt sein Pfad
Vorbei, nun höret, was er that.
Es war zur Lichtmeß unsrer Frauen
Er trat hinein, da muß er schauen,
Wie sie der lieben Fraun mit frommen Händen
Die Kreuzesgroschen reichlich spenden,
Und wie, dem Auge zum Erblinden,
Sie tausend Kerzen ihr anzünden.
Drauf that der Räuber auch also,
Des ward er später herzlich froh.

Es war vergangen manches Jahr;
Er hatte geraubt mit seiner Schar,
Geplündert, genommen von Reichen und Armen
Und Blut vergossen ohn' Erbarmen;
Da ward er endlich eingefangen,
Und als erschien der dritte Tag,
Da mußte der Schelm am Galgen hangen,
Wie's Leuten geschieht von seinem Schlag.
Das merkten die Teufel in der Hölle
Und waren auch sogleich zur Stelle.
Hei! riefen sie, ein neuer Braten!
Doch diesmal waren sie schlecht beraten,
Hatten über den Räuber keine Macht.
Am Fuß des Galgens ein Englein stand,
Hatte Groschen und Kerz' in seiner Hand,
Wie einst der Räuber sie dargebracht,
Und gab dem Räuber die heil'gen Zeichen
Damit die Teufel möchten weichen.
Er hielt den Groschen in der Linken,
Wie da das Kreuz drauf mochte blinken!
Er hielt die Kerze in der Rechten,
Und wacker thät er mit ihr fechten.
Er schlug der Kreuze, eins, zwei, drei,
Da wichen die Teufel mit Wutgeschrei.
Er aber ging zur Himmelsthür,

Und als nun Petrus schaut' herfür,
Hielt er ihm Kreuz und Groschen entgegen;
Da gab ihm Petrus seinen Segen.
Er aber ging zum Himmel ein,
Da wird er wohl noch heute sein.
(Mönch tritt wieder in den Hintergrund ab.)

Tetzel.

Das that ein Groschen mit dem Kreuz beprägt,
Ein Kerzlein, unsrer Himmelskönigin
Zu Ehren auf dem Altar angezündet:
Was thut nun erst ein Ablaßbrief von Rom,
Vom heil'gen Vater selber ausgestellt!
Der wirket aller Sünden reichlichste
Vergebung, aller — auch der schwersten, selbst
Noch nicht begangner, denn der Heiland hat
Sein Regiment bis auf den jüngsten Tag
Dem heil'gen Vater in die Hand gelegt.
Ein Schatten ist die Macht der Engel, der
Apostel, vor der Macht des heil'gen Vaters.
Reicht seine Hand schon hier auf Erden weit,
So reicht sie dreimal weiter in den Himmel!
Er bietet euch für einen Spottpreis an,
Des Wert der Welten Schätze übersteigt.

Für jede schwere Sünde ohne Gnade
Müßt sieben Jahr ihr nach dem Tode büßen
Im Fegefeuer — und wie viele thatet
Ihr täglich? o der qualvoll bittern Strafe!
Und alles, alles kann ich euch erlassen!
Stellt eure armen Seelen sicher! nur
Ein Viertelgulden, und sie gehen stracks
Aus diesem Thränenthal ins Paradies!
(Für sich.) Was Teufel! regt das träge Volk sich wohl?
Ich mahne euch, versäumet nicht das Heil,
Die gnadenreiche Stunde! hört ihr nicht
Den Jammerton von Eltern, Brüdern, Freunden,

Die in den Flammen liegen, hört ihr nicht
Ihr Flehn: „Erbarmt euch unser!" Laßt euch rühren!
Sobald das Geld nur in dem Kasten klingt,
Die Seele aus dem Fegefeuer springt.
(Ein Jude drängt sich vor.)
Was will der Jude?

Jude.

Nur ein kleines Wörtchen,
Ehrwürd'ger Vater. Möchte gern von Eurem
Ablaß, von euren Indulgenzen auch
Ein Indulgenzchen

Tetzel.

Auch für den Juden
Quillt aus dem Gnadenborn des heil'gen Vaters
Vergebung, nur — als Jude müßt ihr doppelt —

Jude (rasch einfallend).

Und sollt' ich's dreifach, sollt' ich's vierfach zahlen,
Für gute Ware zahlt man nie zu teuer.

Tetzel.

Und deine Sünde, Jude?
(Das Volk drängt näher an Tetzel heran.)

Jude.

Gott, gerechter!
Gern möcht' ich einer von den Euren werden!
(Volk lacht. Tetzel in Erregung.)
Mich taufen lassen, möchte heute wenden
Dem Gotte Israels den Rücken zu.
(Tetzel beruhigt sich.)
Ich war zu Rom, hab' alles dort gesehn,
Den heil'gen Vater, all' die Kardinäle,
Die große Pracht, und wie sie's haben gut
In ihren Tagen, wie sich's unterm Kreuze
Auch leben läßt. Drum komm' ich her zu Euch,

Seh' das Geschäft, das gute, das Ihr macht,
Wie's Geld, das blanke, rollt Euch in den Schoß;
Da dacht' ich: Gott, gerechter, ist der Gott
Der Christen doch ein guter Gott! er drückt
Nicht eins, drückt beide Augen zu; er läßt
Die Leute schinden, läßt sie quälen, sie
Betrügen —
    Tetzel.
  Schweig, vermaledeiter Jude!
Ihr habt's gehört, er lästert euren Gott,
Ein zweiter Hannas, zweiter Ahasverus!
Schlagt ihn zu Boden! — Keiner regt die Hand?
Ist sie nur stark zur Frevelthat, doch träge
Wenn's etwas Gutes gilt? (Zu seinen Begleitern.) Ergreift denn ihr
Den gottlos Frechen! (Sie nähern sich dem Juden.)
    Volk.
  Jud', wir schützen dich!
   Eoban Hesse (vortretend).
Daß keiner an dem Juden sich vergreift!
   Tetzel (in steigendem Zorne).
Was muß ich sehn? es malt sich Hohn und Spott
Auf den Gesichtern! (Greift nach dem Kreuze.) Nieder auf die Kniee!
Kraft meines Amtes als bestallter —
   Stimme aus dem Volke.
Geldschneider in den deutschen Landen! (Gelächter.)
    Tetzel (außer sich).
Wer säte Unkraut mir in meinen Weizen?
    Stimme (vorige).
Der nicht mehr blüht! —
    Tetzel.
  Wer fiel in meine Herde?
    Stimme (dieselbe).
Die in dem Hirten jetzt den Wolf erblickt!
(Inzwischen ist eine immer stärker werdende Bewegung entstanden. Man fängt an, sich zu dem Kasten zu drängen. Tetzel wehrt die Drängenden mit dem Kreuze ab.)

Tetzel (mit halberstickter Stimme).

Ha! kam es so weit? Das, das mir, dem Boten,
Der nichts als Segen, nichts als Gnade bringt?
(Gelächter des Volkes.)
Greift denn schon in das Volk die Hand des Ketzers,
Des gottverfluchten Augustiners? also
Darum kein Käufer, darum keine Not
Der Sünde mehr? Fluch über ihn, den Lästrer,
Der Fluch der Hölle! Und ihr macht euch schuldig
Derselben Ketzerei? Fluch über dich,
Du Volk des Abfalls! Das Verderben wird
Langsam an dir und deinem Marke nagen,
Die Pest wird dich mit Eiterbeulen schlagen.
(Im Heruntersteigen vom Altar.)
Verheerend Feuer falle —

Eoban Hesse (mit lauter Stimme).

Mönchlein, fleht,
Um Euretwillen bitt' ich, fleht kein Feuer
Vom Himmel! Kommt's, so frißt es Euch,
Nicht uns!

Stimmen aus dem Volke (jubelnd und lachend).

O fleht's herab doch, Pater!
(Die Mönche greifen zum Kasten, lassen den Altar stehn und fliehn mit Tetzel,
der das Kreuz wütend schwingt. Das Volk drängt lachend und spottend hinterdrein.
Die ersten beiden Mädchen und die beiden Burschen zögern beim Abgehen.)

Erster Bursche (zum zweiten Mädchen).

Nun, Gretel, bist du sündenrein?

Zweites Mädchen (lachend).

Da steht's auf meinem Ablaßschein.

Erster Bursche (ihr den Zettel nehmend und in die Luft werfend).

Da flattre hin, du leichte Ware!
Es schaukelt Wind im Winde sich.

Zweiter Bursche.
Wer hätte das gewagt vor einem Jahre!
Wir hielten's noch für lästerlich.

Erster Bursche.
Ja, wie's so geht! Ich sag's und bleib' dabei:
Es macht der Augustinermönch uns frei! —

Der Hauptvorhang fällt.

Zweites Bild.

Torgau und Wittenberg.

Erster Auftritt*).

[Vorderraum der Bühne vor dem ersten Zwischenvorhang.]
(Kurfürst Friedrich der Weise, Brück, Kanzler, und Spalatin, Hofprediger des Fürsten.)

Kurfürst.

Mehr Aufsehn macht die Sache, als ich wünsche.

Kanzler.

Weil man in Rom das Feuer rastlos schürt.

Kurfürst.

Nicht bloß in Rom!

Spalatin.

Mein Fürst, Ihr könnt nicht wollen,
Daß man der Wahrheit Schweigen auferlegt.

Kurfürst.

Indes man drängt mich, ruft mich ernst zum Schutz
Des väterlichen Glaubens auf!

---

*) Dieser erste Auftritt kann, wenn man kürzen will, event. weggelassen werden. Es wird seinerzeit im dritten Bilde dann auch die Stelle angemerkt werden, welche mit fortgelassen werden muß.

Kanzler.

Und dennoch
Darf kurfürstliche Gnaden ihren Schutz
Dem Luther nicht entziehn. Vergönnt, mein Fürst,
Daß, wo's die Ehre meines Herren angeht,
Ich offen rede. — Als der Papst den schnöden Handel
Albrecht von Mainz verpachtet, dieser Fürst
Mit kaiserlicher Vollmacht seine Krämer
Nun über's deutsche Land entsandte, um
Ihr seelenwuchrisches Geschäft zu treiben —
Da war's die Weisheit meines Fürsten, der,
Ein Vater seines Volkes, aus den Grenzen
Kursachsens diesen Handel streng verbannte.
Und als nun doch das Volk zu Tetzel sich
In Scharen wandte, da erhob sich Luther
Und schalt den Unfug. —

Kurfürst.

Tadl' ich das? Mit nichten!
Nur sagt man, Luther sei ein wilder Sturm,
Der mit dem Alten, Morschen auch Gesundes
Darniederreißt; es zielten seine Worte
Viel weiter, als es uns, den Laien, schiene.

Kanzler.

Doch nur, weil keiner je so kühn die Krone
Des Papstes und der Mönche faule Bäuche
Angriff!

Kurfürst (mit sichtlichem Behagen).

Und das kann Rom ihm nicht verzeihen!
Indes, was thun? es sendet mir der Papst
Die goldne Rose, mich zu ehren; fordert
Nach Rom ihn zum Verhör!

Spalatin.

Nach Rom?

Kurfürst.
     Nach Rom!
Spalatin.
Ihn wehrlos in des Löwen Rachen senden?
Kanzler.
Laßt Luther Euch entreißen, und veröhdet
Ist Wittenbergs Hochschule!
Kurfürst.
     Wahr ist's, wahr!
Kanzler.
In Scharen strömt die Jugend jetzt herbei.
Spalatin.
Und Alte fangen neu zu lernen an!
Kanzler.
Und muß man ihn verhören, nun so sei's
In Deutschland und vor Deutschen!
Kurfürst.
      Ahnte längst,
Wie mächtig dieser Mönch noch wirken würde.
Zu Schweinitz hielt ich Hof, und eben lief
Die Kunde von den Thesen durch das Land —
Da — ich entschlief nach gläubigem Gebet —
Erscheint im Traume mir ein Mönch, der schrieb
Und schrieb mit mächt'gen Lettern an die Thüre
Der Schloßkirche, daß ich's lesen konnte.
Er schrieb mit einer Feder, die bis Rom
Sich streckte, an des Papstes Krone stieß, —
Und sie begann zu wanken; da ertönt ein Rufen:
Mich ruft man, hör' ich, wider ihn zu Hilfe;
Ich strecke meine Hand aus nach der Feder
Und will sie halten, da — erwach' ich, und
Ich zürne noch schlaftrunken dem Verweg'nen.

Und wieder, als der Schlummer mich umfing,
Derselbe Mönch, ich will ihm wieder wehren,
Doch kann ich seine Feder nicht zerbrechen,
Weil ich aus ihr die Seele nicht zu ziehn
Vermag, und Engelstimmen hör' ich rufen:
„Er ist von Gott gesendet, wehr' ihm nicht!"
Vergessen konnt' ich nimmer diesen Traum,
Doch ob er mir vom Himmel eingegeben,
Ob nur ein Gaukelspiel der Hölle, wer
Vermöcht' es zu ergründen? Und so trug
Ich ihn verborgen sorgenvoll im Herzen.

Spalatin.
Entschließt Ihr nicht nach brünstigem Gebet?
Dann hat die Hölle keine Macht; es ließ
Der Herr in seinen Rat Euch schau'n und weihte
Euch zum Beschützer seines Knechtes ein.

Kurfürst.
Nun wohl! schon die Gerechtigkeit verlangt's,
Von Deutschen und in Deutschland werde Luther
Verhört! Doch sorgt mir, daß er selber Maß
Zu halten wisse, nicht — unüberlegt —
Noch über's eigne Ziel hinaus sich treibe!
Auch hass' ich allen Lärm, der nicht von Nöten.

Kanzler.
So viel an uns ist, wird er leicht vermieden.
Und nun erlaubt, mein Fürst, mir, die Gedanken
Auf eine and're Frage Euch zu lenken.
Es ist das Reich verwaist, der Kaiser starb —

Kurfürst (rasch).
Drum thut es not, daß bald ein mächt'ger Kaiser
Die Zügel wieder fasse! liegt's an mir,
Daß sich die Wahl verzögert? gab ich nicht
Schon längst dem Enkel Maximilians,
Dem jungen Karl von Spanien, meine Stimme?

Kanzler.
Ihr gabt sie ihm, mein Fürst. —
Kurfürst.
Des Papstes Anhang,
Des fränk'schen Königs Geld, der selbst die Krone
Des Reiches tragen möchte, sie verzögern
Die Wahl.
Kanzler.
Indes warum, mein Fürst,
Denn Karl von Spanien? Nur ein Wort von Euch,
Und alle Fürsten sind für Euch; wem bieten
Sie freudiger als Euch wohl ihre Stimmen?
Euch übertrugen sie das Regiment.
Warum in unerprobte Hände nun
Die Zügel legen?
Kurfürst.
So ist's mein Entschluß:
Ich nehme nicht die Kaiserkrone an.
Laßt's gut sein, Kanzler. Meine Schultern sind
Schon morsch, den schweren Purpur dieses Reichs
Zu tragen. Besser ist's, ein starker Fürst,
Als ein ohnmächt'ger Kaiser sein! Mein Land
Ist klein; gewaltig ist die Macht, die Karl
Besitzt, er kann mit Kraft das Scepter führen.
Und steht er nicht dem deutschen Volke nah
Als Enkel seines vielgeliebten Kaisers?
Für Gottes Sache will ich gern noch streiten,
Doch müde bin ich, in dem Drang der Welt
Und ihren Händeln meinen Arm zu regen.

(Alle ab. Erster Zwischenvorhang geht auf.)

Zweiter Auftritt.

[Wittenberg. Mittelraum der Bühne. — Luther am Tische, das Haupt gestützt
Allein.]

Luther.

Es ist geschehn! Du, Gott, hast mein Gebet:
„Nimm einen andern, bessern", nicht erhört,
Hast mich in dieses Werk hineingezwungen!
  Es ist geschehn! War's nicht ein Lügengeist,
Der mir, mich täuschend, in das Ohr geraunt:
Die Wunden deines Volks — zu Tausenden —
Sie schaun dich klaffend an, verbinde sie!
Daß nicht an ihnen sich das Volk verblute!
Du bist der Mann! — Woran erkenn' ich's, daß
Mein Gott mich rief? und daß nicht Eigenwille
Und Eigenmut mich treibt?
                            Sind alle Lügner,
Sie alle, die im altererbten Glauben,
In welchem selig einst die Väter starben,
Die Söhne auch zum Himmel führen wollen?
Nicht alle! nein! und leuchten nicht die Väter,
Die uns den Irrtum sä'ten, uns voran
In Heiligkeit? Ist gut die Frucht, so ist
Des Baumes Wurzel auch nicht arg! —
                                    Warum
Drängt meine Frömmigkeit mich denn zum Bruch?
Ist das nicht rechte Frömmigkeit, zu schweigen,
Wenn es zum Wort uns drängt? Und demutsvoll
Des Lebens Überzeugung ohne Klagen
Zu Grabe tragen, um die Ordnung nicht
Zu stören, welche fest die Welt umschlingt,
Den Sturm in eigner Brust austoben lassen —
Selbstopfer ist's, und sollen wir's nicht bringen?
  Wie klug die Furcht sich in das Kleid der Tugend
Zu hüllen weiß! fort, ihr Sophismen, fort!
Was wir als wahr erkannt, was unserm Geist
Der Lebensodem ist — wir hätten nicht

Das Recht, es zu verkünden? Recht und Pflicht
Zugleich! wir müssen reden, aber wehe
Wenn unser Geist, in Gott nicht eingewurzelt,
Nicht aus dem Ew'gen seine Nahrung zieht!
Wenn Eigensinn und Eigenwill' uns treibt,
Und neurungssüchtig wir das Alte schelten!
  Ich fühle dich, ich kann nicht widerstehn,
Du Geist von oben, der du mich durchdringst
Und mich zum Zeugen drängst, so nimm mich hin!
Dein Werkzeug bin ich, ob das Herz auch bebt,
Ob alle Glieder zittern, dein — bin ich,
Und bis der Tod mir meine Zunge lähmt,
Will ich von dir und deiner Wahrheit reden!

Dritter Auftritt.
[Luther und Melanchthon, der eben von der Seite eingetreten ist.]

Melanchthon (nachdem sie sich stumm die Hand gereicht).
Du bist erregt, es wechselt Fieberglut
Mit tiefer Blässe, Freund, dir auf den Wangen!
Du zitterst, Luther?

Luther.
            Kann es anders sein?
Ich bin ein andrer, als ich sonst gewesen.
Ich sehe Dinge, nie zuvor gesehn,
Weil ich sie nicht mit rechtem Auge sah.
Der Hammer, der die Thesen anschlug, wächst
In meiner Hand zum Schlägel, giebt ihr selbst
Zum Schlag die Richtung! Hab' es ja erfahren:
Sehnsucht nach Gott und Schrecken des Gewissens,
Und jene nicht befriedigt, dieser nicht
Gestillt, das ist der Kirche schwere Schuld.

Melanchthon.
Das ist's, das ist die Wunde!

Luther.

                                      Freund, Melanchthon —
Laß dir's erzählen; ach, du kennst es ja;
Doch hör's noch einmal, hör's wie meine Beichte,
Aus der ich neugestärkt mich dann erhebe.

Melanchthon.

Sprich, Luther, sprich — du sagst mir immer Neues.
Wenn du dein Herz mir öffnest.

Luther.

                                      O wie lange
Hab' ich gekämpft, eh' ich um einen Schritt
Nur von der Kirche Lehre mich entfernt!
Du weißt es, wie ich mich zergeißelt, wie
Gefastet, bis zum Schatten ich geworden.
Ich wollt's erzwingen, meine Seligkeit
Verdienen und in krankhaft wilder Lust
Konnt' ich dem Tode mich entgegenmartern.
Doch „meine Sünde! meine Sünde!" tönt' es,
Wie Stimme des Gerichts in meiner Brust.
[Sollt' ich mich täuschen mit dem Lügenwort
Der Kirche, der die Lust nicht Sünde ist?
Mich täuschen mit dem eitlen Dienst der Werke,
Mich gerecht erklären, wenn in tiefster Brust
Es schrie und schrie: „Du lügst!"? Ich konnt' es nicht.]
Das war, o Freund, wie Todesnot der Seele!
Gott suchen und sich doch von seiner Gnade
Verlassen fühlen — es ermißt nur der,
Der solche Qual der Seele hat erfahren.
Da floh die Freude, wo ich ging; es schreckte
Das Rauschen eines Blattes mich, ich mochte
Das Himmelslicht nicht leiden, wünschte, daß
Vom Himmelszelt die Sonne sinken möchte.

Anm. [Kann bei der Aufführung weggelassen werden.]

Gesenkten Hauptes schlich ich stumm umher,
Als lastete der schwersten Unthat Schuld
Auf meiner Seele. Doch — ich danke dir,
Daß du, mein Gott, mir diesen Höllenbrand
Entzündet: in das Dunkel bracht' er Licht.
   Du weißt, als ich im Dienste meines Ordens
Nach Rom gewandert und die heil'ge Stadt
Mit ihrem Sündenschlamm durchwaten mußte;
Als ich, zerknirscht vom Laster, das ich sah,
Auf meinen Knieen der Peterskirche Stufen
Hinauf mich quälte, da geschah's, da schlug
Die Stunde der Befreiung. Es durchzuckte
Blitzartig meine Seele. „Der Gerechte
Wird seines Glaubens leben!" so erklang's.
Da sank ich nieder, und ein Thränenstrom
Entquoll den Augen; ihre Schmerzen weinte
Die mattgequälte Seele aus. Befreit
Von seinen Fesseln war der Geist — befreit!
   Seit dieser Zeit war ich ein andrer, und —
Nur immer tiefer sank vor mir die Kirche.
Die Kirche selbst hat kein Gewissen mehr,
Macht Possen nur den Leuten zum Gewissen.
Ob das Gesetz des Höchsten du verletzt —
Es gilt ihr gleich, doch tausend Weh dem Frevler,
Der wider ihre Satzung sich erhebt.
An Klöster geben, Paternoster plappern,
Reliquien küssen, auf die Wallfahrt gehn
Zu wunderthätigen Heil'gen, denen sie
Die Heiligkeit und Wunderkraft erst anlog;
Weihwasser sprengen, räuchern, Kreuze schlagen,
Vom Priester aller Gnade sich versehn
Und Christum selber über ihn vergessen:
Das nennt die Kirche gottesfürchtig sein.

Melanchthon.

Das eben ist es, was ihr Macht verleiht.

Die Menge liebt die harte Arbeit nicht
Des innern Kampfes. Hätte. sich der Irrtum
In solcher Stärke wohl erheben können,
Wenn nicht die Menge gerne ihn ertrüge?

Luther.
Gott sei's geklagt! Es lagert düstre Nacht,
Die Nacht der Lüge liegt auf meinem Volke!
Und weil ich's weiß, drum weiß ich, was ich soll!

Melanchthon.
Du weißt, Luther, ich liebe dich und ehre
Den kühnen Mut, den du erwiesen, doch —
Ob die Erfolge, deren wir uns freu'n,
Auch sich're Bürgschaft sind noch größerer
Erfolge? leicht ja ändert sich der Sinn
Der Menge!

Luther.
     Nach Erfolg und Bürgschaft frage
Ich nicht. Erfolg und Bürgschaft überlaß'
Ich Gott, der mich berufen. Seine Sache
Ist's, selber sich Erfolg zu geben. Ich,
Melanchthon, rede, weil ich muß. Drum, wär's
Ein Kampf mit aller Welt, ich stünde
Der Welt zum Trotz von diesem Kampf nicht ab! —
(Pause.)
Und — eine Hoffnung laß ich noch nicht sinken —

Melanchthon.
Und welche?

Luther.
     Sollte wirklich das Verderben
Der Kirche Haupt ergriffen haben? Sollte
Der heil'ge Vater selber gar der Quell —
Ich kann's nicht glauben, meine Zunge zittert,
Es auszusprechen! Nein! er höre nur

Das rechte Wort, und er wird gern die Hand
Zur Besserung der Kirche reichen.

Melanchthon.

Ich
Befürchte fast, daß, wie die Glieder, so —

Vierter Auftritt.
[Hofprediger Spalatin, von Torgau kommend, tritt von der Seite ein.]

Spalatin.
Das Haupt, dieweil gemeiniglich im Haupte
Dasselbe Blut wie in den Gliedern rinnt. —
Von Haupt und Gliedern also! weiß doch jeder,
Wenn man von Haupt und Gliedern reden hört,
Welch' Haupt und welche Glieder man gemeint?
Doch nun, grüß' Gott!

Luther.
Grüß' Gott, Freund Spalatin!
Woher so plötzlich?

Spalatin (lachend den Freunden die Hand reichend).
Doch nicht plötzlicher
Als sonst? Woher? von Torgau — von dem Fürsten!

Luther.
So mach' es kurz! denn mir gilt doch die Sendung.
Was hat der Kurfürst heut' an mir zu tadeln?

Spalatin.
Der Kurfürst ist dir innerlichst gewogen.

Luther.
Doch wenn von außen er mich hemmen kann,
So thut er's; hätt' ich ihn vorher gefragt,
Eh' ich die Thesen an die Kirchthür schlug,
Sie lägen jetzt wohl ruhig noch im Kasten.

Spalatin.
Es gab wohl Stunden, wo der Kurfürst schwankte,
Doch jetzt, du thust ihm unrecht, ist er fest.
Nicht was du sagst, nein — wie du's sagst, ist ihm
Nicht recht genehm; er liebt das Stürmen nicht.
Gieb Raum, daß er die Bahn dir ebnen kann.
Er ist entschlossen, deinen Feinden dich
Nicht auszuliefern, fordert frei' Verhör
In Deutschland —
Luther.
Das — ich dank' es ihm; allein
Soll mir mein Arm damit gebunden werden,
So lief ich lieber in der Feinde Lager,
Ich stürbe, doch ich wäre frei.
Melanchthon.
Bedenk'
Das Eine nur: der Fürst ist Fürst, und muß
Luther.
Als Fürst auf andren Saiten spielen, als
Sie aufzuspannen mir beliebt; ich kann's
Nicht ändern. Jeder hat so seine Weise.
Der Paukenschläger ist kein Zitherspieler
Und darf's nicht sein; drum spiele jeder weiter
Das Instrument, das er zu spielen weiß.
Allein hab' ich mein Werk begonnen, will
Es auch allein mit Gott zu Ende führen.
Spalatin (vorwurfsvoll).
Luther, du schlägst des Fürsten Macht zum Schaden
Der guten Sache doch zu niedrig an.
Luther.
Weil weltlich Regiment ich heilig halte,
Es gerne stark in seinem Kreise sehe,
Drum soll sich's nicht in meine Sache mischen.

Ich drücke nicht, wie Rom es stets geliebt,
Weltliche Macht herab, als tüchtig nur,
Handlangerdienste für den Papst zu thun,
Doch will ich's auch nicht dulden, Spalatin,
Daß sie zur Kirche Herrin sich erhebt.

Spalatin.

Wer denkt daran? Es handelt sich ja nur
Um Außendinge. Ein Verhör sollst du
Bestehn, du selbst hast willig dich dazu
Erboten, und es fragt sich, welchen Ort
Wir wählen, welche Zeit; und manches andre
Muß noch, so meint der Fürst, besprochen werden.

Luther.

Verlangt der Fürst so Äußerliches nur,
So hat er zu gebieten, ich gehorche!

Fünfter Auftritt.

[Zu den vorigen Justus Jonas und drei Studenten durch den Vorhang des Hinterraums, der sich damit öffnet. Einer derselben hat ein Schriftstück in der Hand.]

Jonas (heftig in Erregung).

So hat uns das Gerücht doch nicht gelogen!
Ich bin erschüttert, Luther, Wahrheit ist's!
Du bist vom Papste in den Bann gethan!

(Spalatin, Melanchthon schrecken auf. Luther steht, die Augen zu Boden, schwer atmend, schweigend da.)

Hier dieser
(auf den ersten Studenten zeigend)
hat die Abschrift schon der Bulle!

Student.

Von Meißen bracht' ich sie, denn dort ist sie
Für jeden lesbar an der Kirche Thüren
Seit Wochen angeschlagen! —

Melanchthon.

Wie! seit Wochen!
Und hierher drang nur dunkeles Gerücht?
Und jetzt als Abschrift wird sie uns gebracht
Von Freundes, nicht von Feindes Hand! Man wagt
Sie nicht an Wittenbergs Hochschule, wie
Es sonst doch Brauch, zu senden; in dem Umkreis
Kursachsens heftet man sie an, daß sie
Von dort zu uns des Zufalls Welle führe.
Luther, ich frage, ist das Schwäche oder Stärke?

Jonas.

Vorsicht, Melanchthon, kluge Vorsicht ist's,
Nicht Schwäche.

Spalatin.

Ja, da komm' ich freilich schon
Zu spät, vielleicht zum Glück für uns zu spät.
Es ist das Haupt nicht besser als die Glieder.

Luther (in gedrückter Haltung).

So war die Hoffnung eitel, die ich hegte,
Der heil'ge Vater werde selbst den Mißbrauch
Verdammen, den ich rügte, nein, er deckt
Mit seiner Macht den Frevel, tritt nun selbst
(sich aufrichtend)
Als Feind mir gegenüber in die Schranken.
Laß hören denn
(zum Studenten)
der Bulle Wort, das uns
Der Leu jenseits der Berge strafend redet.

Student (liest).

Der Knecht der Knechte Christi, Bischof Leo
Von Rom den Christen Heil und Segen! Mache
Dich auf, Herr, richte deine Sache und —
Gedenk' der Schmach, die dir den ganzen Tag
Von Thoren widerfährt. Ein wildes Tier,
Ein Eber aus dem Wald zerwühlt zerstörend

Dir deinen Weinberg, den zu treuer Hut
Du Petro übergeben, mach' dich auf,
Petrus, dich auf auch Paulus, macht euch auf,
Ihr, alle Heil'gen, mach' dich auf, o Kirche!
Komm betend vor des Herren Angesicht,
Austilgen möcht' er von der Glaubensherde
Den Kindern des Gehorsams, alle Ketzer.

Luther.
Der Fürst der Finsternis im Kleid des Lichtes!

Student (fortfahrend).
Hochmüt'ger Fürwitz ist's nach Weltruhm gier'ger,
Gottloser Menschen, die sich wider uns
Erheben. — Es erbebt uns unser Herz
In tiefem Schmerz, ob solchen schnöden Abfalls.
Vor allem, daß in Deutschland sich am stärksten
Der Irrtum zeigt, in jener Nation,
Die wir vor allen andern stets in Liebe
Umfaßten, auch des römischen Reiches Krone
Gern übergaben!

Luther (höhnisch).
Gerne übergaben!
Was wir doch nicht zu übergeben hatten!
Das altbekannte Lied! Ich kann's nicht hören,
Dies Lied der Lüge!

Spalatin.
Überragt die Lüge
Den Hochmut, oder überragt der Hochmut
Die Lüge hier!

Melanchthon.
Sie reichen sich die Hand.

Student (fährt fort).
Denn Deutschland war vor allem wacker stets,
Die Ketzerei'n mit Stumpf und Stiel zu tilgen.

Deutschland vor allem schmiegt sich immer wieder
Fromm zu den Stufen unsres Thrones nieder,
Deutschland vor allem machte immer gern
Zur Stütze unsres Thrones sich. —

Luther.
       Gott sei's geklagt!
Und Gottes Zorn und Ruten auf das Haupt,
Das solchen Dienst uns jemals aufgezwungen!

Student (fährt fort).
Und was nur je von ketzerischem Sinn
Und Denken sich geregt, das hat der Mönch,
Der Augustiner, Luther, dieser trotz'ge Frevler,
Gesammelt und vereint in seinen Schriften.
Gar vieles ist darum schon längst verdammt.
Was aber neu ist oder doch als neu
Erscheint, in einundvierzig Sätze fassen
Wir's kurz zusammen, die wir ernst und streng
Als ketzerisch, als falsch, anstößig für den Glauben
Verdammen! Wie viel Güte haben wir
Verschwendet schon an diesem Sohn des Abfalls!
Auf unsre Kosten sollte er nach Rom —

Luther (mit Hohn).
Auf Papstes Kosten ich nach Rom? davon
War mir bis jetzt noch nichts bekannt; auch ist
Es sonst doch Brauch, daß Deutschland zahlt nach Rom,
Nicht Rom nach Deutschland. —

Spalatin.
       Rührt dich solche Liebe
Des heil'gen Vaters nicht? Er will es sich
Was kosten lassen, dich in seine Nähe
Nach Rom zu bringen; solche Lieb' ist echt.

Student.
Denn wäre er gekommen, hätte sicher
Er sich bekehrt, denn klarer als das Licht

Der Sonne hätten wir ihm leicht bewiesen,
Daß, wer auf Petri Stuhle sitzt, nicht irrt.

Luther (zornig).

Genug! und hätt' ich's nicht begriffen, mich
Der Unterweisung nicht gefügt, man hätte
Zur richtigen Beleuchtung meiner Sätze
Mich selbst der Welt als Fackel angezündet!

Luthers Famulus (hereinstürmend).

Doktor, soeben übergab ein Bote
Die Bulle, die Euch bannt, den Fakultäten!

(Alle schauen mit Spannung schweigend auf Luther.)

Luther.

So brech' ich selbst die letzte Brücke ab!
Wohlan zum Streit, du Geist der ew'gen Lüge,
Auf Tod und Leben! Schleudre deinen Bann,
Vor dem die Kaiser einst den Nacken beugten,
Mich beugt er nicht! Die Bulle, die so oft
Den Feuertod für Ketzer in sich barg,
Sie sei von mir dem Feuer übergeben!

Jonas.

Das ist die rechte Antwort, Luther, ja,
Entzünde sie, der heil'gen Rache Flammen!
Und ich, wir alle, Lehrer und Studenten
Und alles Volk, wir werden dich umscharen
Und deine That zu unsrer eig'nen machen.

Melanchthon (mit den Studenten).

Wir werden es!

Luther (zu Spalatin).

Dem Fürsten sag': jetzt gält' es, Schlag auf Schlag
Mit Deutlichkeit die rechte Antwort geben!
Und doch — wie wird der schwere Schritt mir schwer!
Mein Gott, mein Gott, was forderst du von mir?!

Melanchthon.

Wir fühlen's mit: wir lösen uns so schwer
Von dem, was sich von Kindesbeinen an
Um unser Leben schlang; und selbst der Irrtum
Erscheint in mildem Licht vor unsern Augen,
Wenn nur das Alter ihn uns ehrbar macht.

Luther
(wie in sich selbst verloren.)

Heiliger Vater einst auch mir! unheilig
Und Quelle des Verderbens nun! Verbreitet
Die Sonne Finsternis und Kälte? — Klarer
Und immer klarer zeigt sich mir der Feind.
Verstummen sollt' ich vor dem Zornesblick
Des Auges, vor dem Drohwort seines Mundes,
Und da ich's weder konnt', noch durfte, streckt
Den Arm er nach dem Ketzer aus, um mich
Mit Eisenfaust, ein schwaches Rohr, zu brechen.
Versuch' es, heil'ger Vater!

Melanchthon.

Ja versuch's!
Auch uns muß er dann brechen. Trifft
Des Bannes Strahl doch auch verzehrend uns,
Die wir zu deiner Lehre uns bekennen.

Luther
(gesenkten Hauptes, wie in schwerem Traum).

Ich bin und bleibe doch der Schuldige,
Ich der Verführer, ihr seid die Verführten.

Jonas
(seine Hand ergreifend).

Luther, blick auf, bist du Verführer, sieh —
Dein Volk, das ganze Volk, dein deutsches Volk —
Es hängt dir an, und jede beste Kraft
Des Volks ziehst du in deinen Kreis. Mich selbst
Hast du nach Wittenberg gezogen, wie

Die andern. Nicht vergeblich rief‌st du auf
Den Adel deines Volk's. Ein Hutten, Schaumburg,
Sickingen halten deinen Namen hoch
Und bieten Schutz dir. Luther, meine Augen
Schau'n in die Ferne; and're Namen wohl
Verblassen in der Zeiten Lauf, der deine
Wird von Jahrhundert zu Jahrhundert sich
Nur immer glänzender erheben, denn
Du bist des deutschen Volkes reinster Sproß,
Aus seiner Seele und aus Gott erwachsen. —

Luther.
Halt ein, mein Freund! nicht rede solche Worte!
Ich diene Gott und diene meinem Volke
Nur eben so, wie Gott es mir gebeut.
Er könnte täglich euch zehn Luther senden.
An mir ist nichts gelegen; ich bin wohl schwächer,
Als du und all' die Freunde sonst. Ich bin
Oft so verzagt! nur, daß ich denken darf:
Gott will's! Das macht mich stark. — Wohlan, Gott will's!
Weil er dem Heil'gen Gottes hat gelogen,
Weil Christum er verschmäht und schmäht, so soll
Des Papstes Bannstrahl selber sich verzehren!
Die Bulle, all' die Dekretalen, und
Was an papistischem Geschreibsel sonst
Sich bei uns findet, lodre auf zum Himmel!

Alle.
Wir werden alle dir zur Seite stehen!
(Alle außer Luther ab.)

Luther
(sinkt auf seinen Sessel nieder. Nach kurzem Schweigen).

Ich hab's gewagt, und Roma hat gesprochen
Und in den Fluch des Bannes mich gethan.
Rom kennt sie nicht die Stimme der Propheten,
Im Dämmerlicht des Mondes will es wandeln,

Wo Licht und Schatten schwankend sich vermischen,
Und fürchtet hellen Tag und Sonnenschein.
Gott will's, entgegen jeglicher Gefahr!
Es treffe mich Verfolgung aller Welt,
Ich werd' es tragen, und ich werde nie —
Nicht einen Schritt von meinem Wege weichen!
Doch eins, ja! das! ich **darf**, ich **muß** es fordern,
Ich muß es **fordern**, dieses Eine, daß
Die Kraft, die jetzt die Seele mir durchschwellt,
Mich nie verlasse; daß ich immerdar
Die Nähe Gottes fühle, der mir jetzt
Machtvoll in meiner Schwachheit nahe ist!

Drittes Bild.
Worms.
(Der erste Zwischenvorhang ist zugezogen. Vorderraum*).)

Erster Auftritt.
[Luther und Spalatin.]

Luther.
Ich schöpfe Mut, nach vielem Bangen Mut!
Hat's unser Gott nicht gut mit uns gemacht?
Was sagt' ich doch an jenem letzten Abend,
Den wir in trautem Freundeskreis noch froh
Verbrachten, als Magister Philipp uns
All' die Gefahren malte, die mir drohten —
Was sagt' ich?

Spalatin.
Nie vergeß' ich solche Worte!
Und wenn von Wittenberg bis hin nach Worms
Auf deinem Weg ein höllisch Feuer brennte,
Würdest du dennoch gehn! und wenn zu Worms,
Soviel, als Ziegel auf den Dächern wären,
Der Teufel wären, würdest dennoch du
Nicht zaudern!

---

*) Kann bei der Aufführung, wenn man zu große Länge befürchtet, fortgelassen werden, wenn auch als Einleitung für den Reichstag und die Charakteristik Luthers wichtig.

Luther.
Und es loberten auch Flammen
Auf meinem ganzen Wege mir entgegen,
Nur aus den Herzen schlugen sie empor,
Die mein wahrhaftig Wort in Brand gesetzt.
Und gestern ging ich, um mich zu zerstreuen,
Und um den Sinn des Volkes zu erforschen,
Hinaus zur Kegelbahn dort vor dem Thore,
Gesellte mich den Bürgern zu, die ihr
Gesäß dort tranken; wie empfing man mich!
Ein jeder wünschte mich an seinen Tisch,
Und alle schauten mich so bieder an,
So treu, als wollten sie mir sagen: „Mut!
Wir stehn für dich!" Ja, Spalatin, das Volk
Hat für das Rechte doch das rechte Herz!

Spalatin.
Allein das Volk hat nicht des Reiches Zügel
In seiner Hand. Es senken düstre Schatten
Sich schwer hernieder; Luther mir ist bange.

Luther.
Doch durch das Dunkel scheint mir Gottes Licht!

Spalatin.
Der Kaiser ist dir abhold!

Luther.
Aber wird
Trotz aller Macht mir keinen Widerruf
Abzwingen.

Spalatin.
Viel' der Fürsten gegen dich,
Vom päpstlichen Legaten aufgeregt!
Wie er den Kaiser schon umgarnt, umschleicht
Mit welscher Schmeichelei jetzt Aleander
Auch deine Freunde.

Luther.
Laß ihn gleißen,
Der Glanz der Wahrheit wird ihn überstrahlen.
Spalatin.
Ich fasse keinen rechten Mut. Ach, wenn
Man dich gefangen nähme, dich den Händen
Des päpstlichen Legaten übergäbe,
Dem sichern Tode so dich weihte! Wenn
Du in den Flammen — Luther, ach! es wäre —
Luther.
Der Jünger dann nicht über seinen Meister.
Spalatin.
O Luther hör' auf Freundeswort; du bist
Zu kühn! Wozu gleich alles sagen, alles
Den Menschen bieten? gieb ein wenig erst,
Ein wenig Neues lieben sie ja alle,
Und hat man an das Wen'ge sie gewöhnt,
So giebt man mehr, mit Klugheit spielt man ihnen
Das Alte aus den Händen.
Luther (vorwurfsvoll).
Spalatin!
Geh'! sag' dem Fürsten (denn er sandte dich,
Nicht beine, seine Rede hört' ich eben)
Ja sag' ihm: Luther werde morgen reden
Mit Achtung und voll Demut, wie sich's ziemt,
Doch nicht das kleinste Wörtlein widerrufen,
Und nichts in lügnerisches Schweigen hüllen! —

(Beide ab.)

Zweiter Auftritt.

(**Der erste Zwischenvorhang öffnet sich. Die ganze Bühne nun eine Einheit.**)

[Worms. Reichstag.]

Die Anordnung ist folgende: Von den Zuschauern aus in der linken Hinterecke der Thronsessel des Kaisers. Links vom Kaiser sitzen nun die Kurfürsten Mainz, Trier, Köln. — Dann die Kurfürsten von Brandenburg, Sachsen (Friedrich der Weise) und von der Pfalz, dann Herzöge (Herzog Erich von Braunschweig), Landgraf Philipp von Hessen, Gesandte der freien Städte (namentlich der Städte Nürnberg, Regensburg, Augsburg ꝛc.) Hinter diesen Persönlichkeiten zeigen sich Reichsritter, Äbte ꝛc. Neben dem Kaiser (rechts) der päpstliche Legat Aleander. Neben ihm Eck, Official von Trier, neben diesem ein Tisch mit Büchern. — Dann der Reichsherold und Ritterwolf. — Wenn Luther eintritt, so kommt er von rechts (von den Zuschauern aus gedacht), aus dem Vorderraum und stellt sich dem Kaiser gegenüber auf, halb diesem, halb den Zuschauern zugewendet und noch im Vorderraum der Bühne, wo auch links und rechts seine Begleitung Stellung nimmt.

Kaiser.

So neiget dieser Reichstag sich zu Ende,
Und wie in allem, was bisher beraten,
Kein Geist der Zwietracht die Beschlüsse hemmte,
Mag auch zuletzt das Band der Eintracht uns
Umschlingen, daß zur alten Glorie wieder
Sich dieses Reiches Macht erhebe, dem
Sich keine Monarchie der Welt vergleicht.
Versöhnt ist mancher Streit; und nun zuletzt
Soll unser Blick sich auf die Kirche lenken,
Durch deren Drangsal auch des Reiches Frieden
Erschüttert wird, doch — ward das Schwerste selbst
In Frieden beigelegt, so wird das Leichte
Nicht Grund zur Trennung geben; aber daß
Nicht einer dieses Volkes ungerecht
Verurteilt werde, soll der Mann, der kühn
Der Zwietracht Samen säte, hier vor euch
Und unsrem Throne zum Verhör erscheinen.
Herold des Reiches, geht und führt ihn her!

(Reichsherold ab.)

Aleander (päpstlicher Legat).

Und ist's unwiderruflich auch beschlossen,
Daß hier der Ketzer, hier vor dieses Landes
Erlauchter Fürstenschar sich brüsten soll —
Ich lege feierlich Verwahrung ein!

Philipp von Hessen.

Spart Eure Worte Kardinallegat.

Aleander.

O, man beschloß es, weil der Ketzer hier
Schon seine Freunde hat!
(Fürsten und Abgesandte der Städte nicken sichtbar mit dem Kopf.)
Und doch! es liegt
So offenbar zutag, und wären es
An hunderttausend, die in gleicher Schuld
Sich fänden, hunderttausend müßten brennen!
(Lautes Lachen. Aleander um so erregter und fanatischer.)
Und dieser eine hat die ganze Summe
Der Ketzereien auf sein Haupt gehäuft;
Er sündigt an der Unterwelt, denn er
Verwirft das Fegefeuer, er vergeht
Sich an dem Himmel, denn er will, der Frevler,
Auch einem Engel, einem Himmelsboten,
Nicht glauben, wenn er anders lehrt, als er.
Man nennt ihn fromm! doch fromm ist der allein,
Der glaubt, was seine Kirche ihn gelehrt,
Und so, wie sie ihn denken lehrte, denkt.
Und seine Schriften sollen manches Gute
Enthalten! doch die Kirche hat von je
Der Ketzer Schriften allesamt verdammt.
Ich wende mich an Euch, großmächt'ger Kaiser,
Ihr seid des Reiches Haupt, und Euer Wille
Ist uns Gesetz.
(Bewegung in der Versammlung.)
Ihr seid der Kirche Schirmherr.
Von Euch und nicht von diesen
(auf die Fürsten deutend)
wird bereinst
Die Rechenschaft gefordert werden. Gebt
Dem Hochmut dieses Ketzers keine Nahrung,
Daß er mit seinem Wort sich vor dem Herrn

Der Christenheit noch trotzig brüsten darf.
Nicht zur Verteid'gung sei er hergerufen,
Nur um das Urteil seiner Schuld zu hören!
Was nützen ihm auch seine Worte? Ist
Er nicht vom heil'gen Stuhle schon verdammt?
Wir treiben eitles Spiel, wenn wir ihn hören.
Der Reichstag hat kein Recht, hier Recht zu sprechen,
Nur seine Treue hat er zu beweisen
Und zu bestät'gen, was der heil'ge Stuhl
Für Recht befunden, und was Ihr, mein Kaiser,
Als treuer Sohn der Kirche, gläubig billigt.

Philipp von Hessen.
Wer wagt es, hier Gesetze uns zu geben,
Und unser Recht mit schnell erfundner Lehre
Von neugebackner Hoheit zu umschränken?

Kurfürst Friedrich der Weise.
's ist eine deutsche Sache, vor des Reichs
Vertretern kommt sie billig zur Entscheidung.

Kurfürst von der Pfalz.
Herr Kardinal, Ihr führt ein freies Wort,
Und unterm Schutz des Amtes dürft Ihr reden;
Doch mäßigt Euch! Ihr trefft zu scharf das Ohr,
Das sind wir nicht gewohnt, und Gott verhüte,
Daß solche Red' uns zur Gewohnheit werde!

Aleander.
Der kaiserlichen Hoheit gilt mein Wort.
Wer Aufruhr predigt, auch das Heiligste
Nicht schont und wider Gottes heil'ge Kirche
Den Arm erhebt, der wird auch wider Euch,
Großmächtiger Kaiser, seine Fäuste ballen,
Das Volk erregen, jeglicher Beschwerde
Mit seinem Wort des Aufruhrs Nachdruck geben,
Zertretet den Empörer!

(Jubelnder Ruf des Volkes draußen.)

Stimmen.

Selig die Mutter, die in ihrem Schoß
Dich trug, selig die Brust, die dich gesäugt!
  (Luther tritt auf, von rechts her, wie oben angegeben worden ist.)

Dritter Auftritt.

Eck (Official von Trier liest ab.)

Des Kaisers Majestät hat Euch, Martinus
Luther, ehrsamen Augustinerordens,
Vor dieses Reiches Rat beschieden, denn
Gar schwere Klag' wird wider Euch erhoben.
Den Weinberg Eures Herrn habt Ihr zerstört,
Durch unbedachtes Wort die Christenheit
Des Seelenfriedens, dessen sie sich freute,
Beraubt, und schon hat Euch zum Heil die Kirche
Des Bannes Fluch auf Euer Haupt gelegt.
Doch hier des Reichs Vertreter, eures Volkes
Erlauchte Führer, blicken voll Erbarmen
Auf Euch und fordern Euch Verirrten jetzt
Zum Widerrufe auf. Bereut, was Ihr
Gethan und gebet diese Reu' vor uns
Freimütig kund in offenem Geständnis.

Luther.

Zu „widerrufen" bin ich hergefordert?
Und „widerrufen! ohne Umschweif!" tönt'
Es mir von Jahr zu Jahr aus Rom entgegen.
Spricht Rom auch in des deutschen Reichs Versammlung?
Giebt Rom dem deutschen Reichstag auch Befehl?
  (Bewegung.)

Von neuem sag' ich's: Gegengründe gebt,
Und überführt des Irrtums mich, so will
Ich widerrufen, doch bis dahin — Nein!
Nicht als Empörer steh' ich hier, und nicht
Als Schwärmer, nein! in voller Nüchternheit
Ein demutsvoller Priester meiner Kirche.

Aleander (auffahrend).

Der Kirche Priester, Ihr der Kirche Priester?
O. ketzerische Frechheit! dann, dann darf
Die Nacht sich Tag, die Höll' sich Himmel nennen.
(Mit Hohn.)
Hat Eure Kirche mehr noch solcher Priester?

Luther.

Ja, Kardinal, und möchtet wohl auch gern
Sie kennen lernen, Kardinal? So viele
Hier Euch umgeben, Hohe und Geringe,
Von kaiserlicher Majestät herab
Bis zu dem Söldling, der mich hergeführt —
So viele hier getauft sind, Christi Namen
Mit Ehren tragen, sind der Kirche Priester!
Nicht ist's das glänzende, geweihte Heer,
Das stolz in Farbentracht und Kleidern prangt,
Es ist das ganze, große Volk der Christen,
Aus dem die wahre Kirche sich erbaut.
Doch nicht vor Euch, vor kaiserlicher Hoheit
Und vor des Reichs erlauchten Ständen soll
Ich reden; sie allein sind meine Richter.
(Philipp von Hessen, Kurfürst von der Pfalz geben Zeichen der Zustimmung.)

Eck (einfallend).

Geht nicht auf Nebenwegen, Mönch, und biegt
Nicht ab! Schaut her, hier liegen eure Schriften,
(auf den Tisch deutend).
Nicht eine fehlt, von jenen Thesen an
Bis zu dem Sündenwort vom Antichristen.

Sprecht, leugnet Ihr die Schriften ab? — dann sind
Sie auch für uns nicht mehr geschrieben! — Oder —
Erkennt Ihr sie als Werke Eurer Hand,
So sagt, ob Ihr verdammt, was sie enthalten?

Luther (verächtlich).

Ableugnen meine Schriften? Ich bekunde
Als Werke meiner Hand sie! und noch mehr:
Mit meinem Herzblut hab' ich sie geschrieben!
Und dennoch wollt' ich sie verdammen, wären
Die Übel überwunden, die ich schelte.
In langen, bangen Kämpfen hatt' ich mir
In Gottes Gnad' der Seele Ruh' errungen,
Als nun der Ruf in meine Zelle drang,
Wie seelenmörderisch der Ablaßwucher
Den Ernst der Heiligung dem Volke stahl.
Da trieb's mich aus der Zell', ich trat hervor;
Es brauchte eines Wortes nur, so meint' ich,
Und Papst und Kardinäle würden schnell
Den Unfug bannen; doch wie täuscht' ich mich!
Wie Schuppen fiel's mir plötzlich von den Augen:
Das Papsttum ist die Quelle alles Frevels.
Der Papst hat sich mit göttlicher Gewalt
Umlogen, um zur Wahrheit jede Lüge
Zu stempeln, wenn sie neue Macht ihm leiht.

Aleander.

Schmach über Schmach, den also zu beschimpfen,
Der sich den Knecht der Knechte Gottes nennt!

Luther.

Und den die Schrift als Antichristen zeichnet.

Aleander (mit höchster Heftigkeit).

Fort aus dem Saal mit dem Infamen, fort!

Erich von Braunschweig.
Nichts übereilt, Herr Kardinal. Wir müssen
Das Mönchlein immerhin noch weiter hören.
Kurfürst von der Pfalz.
Auch Euer Ohr, Herr Kardinal, ist doch
Zu Zeiten, wie das meine, recht empfindlich.
Eck (Official von Mainz).
(Zu Luther) Ihr raubt dem heil'gen Vater seine Ehre!
Luther.
Die er zuvor dem Herrn der Welt geraubt.
Eck.
Die Macht, die ihr rebellisch ihm bestreitet,
Gott selber hat sie gnädig ihm verliehn.
Luther.
Er ist von Gottes Gnaden Haupt der Kirche,
Wie ich ein Mönch von Gottes Gnaden bin.
Aleander.
Empörung! Aufruhr! Tausendjähr'ges Recht
Greift der Verruchte an!
Philipp von Hessen.
      Der Doktor thut
Nichts and'res, als was Ihr, Herr Kardinal,
Vorhin zu unserm Ärgernis gethan.
Kurfürst Friedrich der Weise.
Sich'res Geleit schließt freies Wort mit ein.
Luther ist zur Verantwortung beschieden;
Man schneide ihm das freie Wort nicht ab.
Luther.
Kein Wörtlein reut mich, das ich sprach. — Der Papst
Und sein gefügig Heer, die Romanisten, haben
Die Christenheit an Leib und Seel' verwüstet.
Er martert grausam die Gewissen, knechtet

Die Seelen, schädigt unsern Leib, denn er
Verschlingt die Güter, die wir uns erworben.
Vornehmlich hier — auf diesem, unsrem Volke,
Der hochberühmten deutschen Nation,
Hier lastet seine Tyrannei am schwersten.
Und geben wir, so spottet man noch frech
Der dummen Deutschen. Und ich sollte das,
Was wider diesen Diebstahl ich geschrieben,
Ich sollt' es widerrufen? Ja! damit
Die Bosheit Roms nur desto ungescheuter
Sich offenbare, daß ich selber mich
So recht zum Pfeiler seiner Herrschaft mache!
Nein, nimmermehr! Und was ich sonst gelehrt:
Vom Ablaß, von der Buße, von der Gnade,
(Daß nur in Christo liegt der Sünder Heil,
Die Gnade nur uns zu Gerechten macht,
Und keine Kirche, kein Verdienst der Heil'gen
Kein eigen Werk den Himmel uns erwirbt —)
Ich sollt' es widerrufen? Hieße das
Die Worte heil'ger Schrift nicht Lügen strafen?
Doch weil ich Mensch bin, weil ich irren kann,
So bitt' ich nun in Demut, wer es kann,
Sei's kaiserliche Majestät, sei's einer
Der fürstlich hohen Herrn, er zeige mir
Durch der Apostel Schriften, daß ich irrte,
So will ich widerrufen, doch — allein
Um lieben Friedens willen schweigen, nein!
's ist nicht geraten, wider das Gewissen
Zu handeln. Sollt' ich nur der Schwachen schonen,
So will ich lieber meiner Seele raten,
Es ärg're sich daran die halbe, oder
Die ganze Welt. — Es geht mein Herz in Sprüngen,
Seh' ich den Streit, der sich um Gottes Wort
Erhoben! — ja, das ist des Wortes Lauf,
So war's von Anbeginn, so wird es bleiben.
Das Schwert zu bringen, ist der Herr erschienen.

Was nennt man mich den Vater des Tumults?
Was schilt man mich den Stifter alles Aufruhrs?
Man kann nicht aus dem Schwerte eine Feder
Und aus dem Kriege einen Frieden machen.
Es ist das Wort ein Schwert, es ist ein Krieg,
Es ist Zerstörung, Ärgernis, Verderben!
Drum fleh' ich kaiserliche Majestät
Und meines Volk's erlauchte Stände an,
Indem ich so dem lieben Vaterlande
Und meinem Volk den schuld'gen Dienst erweise:
Gebt Raum dem Worte Gottes, dämpft
Die heil'ge Wahrheit nicht, die ich verkünde!
Dann kommt dem Reich der Frieden wieder, und
Frei wird das Volk sich über Rom erheben.

Eck.

Im Namen kaiserlicher Majestät!
Behaltet Euren weisen Rat für Euch!
Antwortet ohne Klauseln, stellt Euch nicht
Auf Schrauben, wollt Ihr widerrufen, oder nicht?

Luther.

Wohlan, Ihr fordert schlichte, klare Antwort.
Ich will sie geben, daß sie weder Hörner
Noch Zähne haben soll: Es sei denn, daß
Ich durch der heil'gen Schriften klares Zeugnis,
Oder durch helle Gründe der Vernunft
Mich überwunden fühle, — kann und will
Ich niemals widerrufen! Ja, ich stehe hier,
Ich kann nicht anders, Gott helfe mir! Amen.

Kaiser (aufstehend, mit Zorn und Verachtung).

Führt ihn hinweg! (allgemeine Bewegung in der Versammlung)
(Reichsherold führt Luther ab.)
Ihr Lieben und Getreuen,
Es ehrten meine Väter Papst und Kirche,
Die dieser Mönch entehrt; verteid'gen will

Auch ich den alten Glauben, gegen Luther
Als einen Ketzer, der in Frevelmut
Hartnäckig jeder Güte widersteht,
Verfahren. Reu' empfind' ich, daß ich ihn
Bisher geschont, und Gut und Blut und Leben
Setz' ich daran, die Ketzer zu vertilgen.
Es werde Luther in die Acht gethan,
Und meine Gnade künd' ich jedem auf,
Der wider unsern Willen ihn beschützt! —

Der Kaiser erhebt sich und geht dem letzten Ausgange der Bühne zu. Mit ihm sein Kanzler, Ritter u. a.)
[Heftige Bewegung in der Versammlung.]

Philipp von Hessen.

Ist das erhört? Die Stände nicht befragen!
Kurz seine Meinung uns als Richterspruch
Aufzwingen!

Kurfürst von Trier.

Kaiserliche Majestät
Sprach nur der Gutgesinnten Willen aus.

Kurfürst von der Pfalz.

Doch muß zuvor er seine Stände hören.

Mehrere.

Er muß sie hören!

Fürstenberg (Gesandter der Stadt Frankfurt).

Gröblich ist die Form
Verletzt!

Aleander.

Was Form, wenn's sich um Ketzer handelt!
Der Kaiser zeigt zu viel der Güte noch,
Daß er dem Ketzer nicht gebrochen hat
Das sichere Geleit!

Kurfürst von der Pfalz.

Schweigt Kardinal!
Einsargen möchtet Ihr die alte Treue

Des deutschen Volkes! nein und wieder nein!
So lange noch ein Odem in mir ist,
Werd' ich mich gegen solchen Treubruch wehren!
(Aleander und die katholischgesinnten Fürsten brechen auf, dem Kaiser nach.)

Philipp von Hessen.
Bei Gott! ein Worms soll nicht zum Kostnitz werden.
(Auch die Luther befreundeten Fürsten und Stände, alle stehen auf zum Fortgehen. Es schließt sich der erste Zwischenvorhang, so daß nur der Vorderraum der Bühne noch offen steht.)

Vierter Auftritt.
(Kaiser, der links von den Zuschauern abgetreten ist, kommt von rechts mit seinem Kanzler in den Vorderraum, als begäbe er sich vom Sitzungssaal in seine Gemächer.)

Kaiser (halb zum Kanzler, halb für sich).

Der Thor, warum so offen? Konnt' er nicht
Ein wenig seinen wahren Sinn verbergen?
Ich hätt' ihn doch vielleicht nicht gleich gebannt.
Dies Schwärmervolk — es ist den Motten gleich,
Die, blind gezogen, in das Licht sich stürzen.
Ich mußt' es thun; indes, wenn ich nun doch
Nicht ganz ihn fallen ließe? Könnt' er mir
Nicht doch vielleicht? — Nein, nein, der heil'ge Vater
Wiegt schwerer, als der Mönch. — Auf Größeres
Als eit'le Glaubensfragen steht mein Sinn.
Ich will's nicht dulden, daß der Geist des Volkes
Mir abgelenkt wird von den Bahnen, die
Ich's zu der alten Größe führen will. —
Ein Reich der Welt, ein Kaiser, eine Kirche,
Das ist mein Ziel, drum schnell zu Boden alles,
Was, hemmend, mich von meiner hohen Bahn
Herunterwirft und meine Kraft zersplittert.

(Aleander zu den Vorigen, immer von rechts.)

Aleander.
Großmächt'ger Kaiser —
Kaiser Karl.
Redet Kardinal!
Aleander.
Noch in des Reichs Versammlung wurde mir
Von Rom die Nachricht, daß der heil'ge Vater
Zum angebotnen Bündnis wider Franz,
Den König Frankreichs, Euch zu Diensten sei.
Zugleich ward mir ein Schreiben überbracht,
Von seiner Heiligkeit geweihter Hand
An kaiserliche Hoheit selbst gerichtet.
(Er übergiebt den Brief.)
Kaiser Karl (ironisch).
Recht pünktlich, Kardinal, zu pünktlich fast.
Sorgt, daß das Bündnis auch von Dauer sei!
Aleander.
So sicher, als Ew. Hoheit frommer Sinn
Im Reich mit Kraft der Ketzerei begegnet.
(Alle nach links ab.)

Fünfter Auftritt.
[Es treten auf — (wieder von rechts): Kurfürst von der Pfalz, Landgraf Philipp von Hessen, Herzog Erich von Braunschweig, alle mit Gefolge.]

Erich von Braunschweig (zu einem Diener).
Geh', bring' dem Doktor eine Kanne Bier
Zur Stärkung, hat ja wacker sich gehalten.
Philipp von Hessen.
Wer sucht mit mir das tapfre Mönchlein auf?
Kurfürst von der Pfalz.
Bin schon dabei, und hat der Doktor recht,
So helf' ihm Gott!

Philipp von Hessen.
  Recht hat er, und es wird
Ihm Gott auch helfen wider Papst und Kaiser.
  (Alle ab nach links.)

Sechster Auftritt.
  (Kurfürst Friedrich der Weise, Kanzler Brück, Spalatin und Gefolge.)
  Kurfürst Friedrich der Weise.
Wie sprach Martinus schön! so konnte nur
Der Mund der lautern Wahrheit reden; bin
Nicht böse drum, daß er sich kühner regte,
Als mir's noch gestern gut erschien.
  Kanzler.
Die Sicherheit und Kühnheit warb ihm Freunde.
  Kurfürst Friedrich.
Trotz allem, Kanzler, mächt'ger, als die Freunde,
Ist noch der Feind, und Luther ist geächtet.
  Kanzler.
Doch eigenmächtig sprach die Acht der Kaiser;
Drum, Ew. Gnaden, seid Ihr nicht gebunden,
Luther dem Kaiser auszuliefern.
  Kurfürst Friedrich.
    Kanzler,
Martinus bleibt in meinem Schutz, indes
Nicht bis zum Bruche möcht' ich's treiben. Wenn
Ich Luther schützte, ohne doch zugleich
Vor aller Welt als Schützer dazustehn —
Ich meine, wenn wir ihn auf ein'ge Zeit
Den Blicken seiner Feinde ganz entzögen?

Kanzler.
Wohl — ich verstehe, und es wäre so
Dem Kaiser selbst am besten wohl gedient.

Kurfürst Friedrich.
Wohlan! so geb' ich's denn in Eure Hände,
Ihr mögt es klüglich ordnen, Kanzler, und —
(zu einem Ritter)
Ihr haftet mir für Luthers Sicherheit!
Es stehn Euch alle meine Burgen offen,
Das sei genug; und merkt es wohl, ich wünsche,
Auch keine weit're Kunde zu empfangen. —
(Kurfürst mit den Rittern ab.)

Kanzler.
Nun Spalatin? *)

Spalatin.
Der Kurfürst ist sehr weise.

Kanzler.
Sehr weise, ja, zu ängstlich! ach! wenn er
Doch nicht bloß schützen, wenn er handeln wollte!
Wie würde dann selbst kaiserliche Macht
Sich vor ihm beugen, die nun ohne Scheu
An ihm vorübereilt; die Macht, die eben
Noch seines Worts ehrwürdiges Gewicht
Gegründet. Ha! so dankt es dir ein Karl,
Mein Fürst, daß du die Krone, die man dir
Fast auf das greise Haupt zu zwingen suchte,
Ihm in die jugendlichen Locken drücktest!
O Spalatin ich könnte weinen! Denk' ich
Den Purpur mir um eines Friedrich Schulter,
Der ganz und gar ein Deutscher, von dem Volk
Geliebt, und Luthers warmer Freund —

---

*) Wenn im zweiten Bilde der erste Auftritt ausgelassen wird, so ist auch dies Stück bis zum Schluß fortzulassen.

Spalatin.

Es wäre
Zu herrlich, Kanzler. Dornen müssen rings
Und Disteln unsern Weg versperren,
Wenn kräftig sich der Fuß zum Fortschritt rüstet.
Und räumte Gott sie selber uns hinweg,
Hartnäckig würden wir sie wieder pflanzen.
(Beide ab. Hauptvorhang fällt.)

Viertes Bild.
Wartburg. Wittenberg.

Erster Auftritt.
[Vorderraum der Bühne.]

Luther
[auf der Wartburg, allein, auf seinem Sessel. — Tiefgebeugter Haltung.]

Zum Bann der Kirche noch des Reiches Acht!
Wie drückt sie schwer die Doppellast. Im Bann —
Da schritt noch frei mein Fuß einher; die Acht
Umfesselt ihn, und wie das Wild des Waldes
Schlupfwinkel sucht vorm Jägerspieß, so zwang
Man mich, in dieser Burg mich zu verbergen.
(Ach! nicht genug, der Kirche alte Macht
Zu sprengen, hab' ich auch mein Volk gespalten,
Das Reich zerklüftet und den blut'gen Samen,
Der Zwietracht ausgesäet!
(Mit tiefster Senkung der Stimme.)
Kommt er und naht
Der Fluch, der den Empörer trifft? Mein Gott,
Ach laß mich nicht in Anfechtung geraten.
Du sahst mein Zittern, sahst mein Zagen, weißt,
Wie ich gebebt, ach! Gott, verlaß mich nicht!)
Gebannt, geächtet! — ein Verräter nun
Am Heiligtum und an des Reiches Ehre!
Wie soll ich's tragen? Und doch — Liebe nur
Zu meinem Volke, Liebe nur zur Kirche,

Was ich auch spähe, Liebe nur im Herzen.
Umdunkelt ist mein Geist, umnachtet bangt
Die Seele. Wie der Himmel regungslos
Verschlossen bleibt! und keine Gotteshand
Reicht helfend aus den Wolken zu mir Armem.
Bin ich verworfen, weil ich Treue brach?
Von meinem Gott verworfen? Treue, die
Ich brach, um dem Gewissen treu zu sein,
Das du, mein Gott, so peinlich mir erregtest?
Warum verbirgst du deine Gnadensonne
Mir hinter Wolken? Was entziehst du mir
Gerade jetzt das selige Gefühl,
Das deine Nähe meinem Herzen bringt?
Und schlossen wir nicht darauf unsern Bund,
Daß du mir deine Nähe nie entzögest?
So ist von heute wohl der Bund gelöst? (Pause).
 Was regt sich mir im Herzen? das, ach! das
Hab' ich noch nie erfahren! Geist des Abgrunds,
Drängst du dich, Satan, mir jetzt in das Herz,
Von meinem Gott mich scheidend? Weich von hinnen,
Kannst an mir selbst mich irre machen, doch
Nicht irr' an meinem Gott, Gott ist getreu!
  (Sein Blick fällt auf die Bibel, die aufgeschlagen vor ihm liegt.)
 Mit offnen Augen hab' ich nicht gesehen! —
Die Binde Satans, die sie dunkel deckte,
Nimmt Gottes Hand mir jetzt so freundlich ab,
Und was ich seh', wird mir zur Offenbarung:
Der Herr ist nah, denn hier ist Gottes Wort,
Mein Gott ist nah, denn hier des Herren Rede!
  (Luther ergreift die Bibel.)
Mein Lebenswort, das du mich nährtest,
Dich faß' ich, und ich drücke dich ans Herz!
Das du mir Trost und Labung mild gewährtest,
Wenn ich verging vor Not und Seelenschmerz.
Und schlägt dein Ernst auch manche schwere Wunde,
Hast du doch süßen Balsam auch bereit,

Daß der Geschlagene sogleich gesunde,
Und das bedrängte Herz wird wieder weit!
Dich halt' ich, und dich soll mir niemand rauben,
Du giebst mir meine Kraft, mir meinen Glauben!

Zweiter Auftritt.
(Ein Knappe tritt ein.)

Knappe.

Junker Georg, zwei Boten fragen, beide
An Euch gesandt, nach Euch: der eine kommt
Vom Fürsten, von Prettin, der andre sagte,
Von Sickingen sei er an Euch gesandt,
Ein Brieflein zu bestellen.

Luther.

             Laß ihn ein! (Knappe ab.)
Von Sickingen ein Schreiben? Wird ein Dank
Wohl sein.

Bote (tritt ein).

        Seid Ihr Junker Georg? an diesen
Hab' ich das Brieflein hier zu übergeben.

Luther.

Legt's ruhig nur in meine Hand, Ihr legt's
Dann in die rechte.
(Luther öffnet das Schreiben und liest.)
        „Dank fürs Büchlein, das
Du mir gesandt, nur weiter, immer weiter!
Felsblock auf Felsblock aus der Knechtschaft Burg
Herausgebrochen! Seh' die Zinne schon
Sich neigen. Worte sind's der Freiheit, die

Du redest, und sie laden mir die Pflicht
Der Thaten für die Freiheit auf. Martinus,
Du hast an Deutschlands Adel Dich gewandt,
Und Deutschlands Adel bietet Dir nun Schutz.
Viel tapf're Freunde scharen sich um mich.
Nicht halb nur frei und halb gefangen wird
Ein Sickingen Dich halten! frei und hoch
Vor aller Welt sollst Du voran uns gehn!
Der Kaiser macht dem Papste sich zum Knechte,
Wir treten jetzt für Deine Sache ein
Und werfen unser Schwert mit in die Schale!
‚Der Würfel ist gefallen‘, so sagt Hutten,
‚Was werden muß, das wird‘, so sage ich.
Ein deutscher Kaiser und ein deutscher Bischof
Dem deutschen Volke! sei die Losung; Du
Dann Erzbischof der deutschen Nation.
Ganz nah' der Burg, die Dich gefangen hält,
Nur wenig fern, im Wald, wo's Hessenland
Sich in die Näh' der Wartburg drängt, da warten
Die Meinen Deiner; sich're, ehrenfeste
Vom Adel, sicher Dich zur Ebernburg,
Dem Horte der Verfolgten und Versprengten,
Zu bringen! — Wolle frei sein, und Du bist
Es! Mach' Dich los! Am nächsten Tage, wo
Die Worte dieses Briefes Du gelesen,
Sind sie bereit, die ich gesandt, gesandt
Auf Huttens Rat."

Luther.

Auf Huttens Rat, ja, ja — (Zu dem Boten).
Ich las den Brief, und sag' dem Herren, der
Dich sandte, daß ich ihn gelesen.
(Da der Bote abzugehen zaudert)
Ja,
Nichts weiter, das genügt! (Bote ab.)
Auf Huttens Rat!

(Nicht jeder, der die Mönche geißelt, der
Die angemaßte Macht des Papsttums angreift,
Zählt zu den Meinen, ach! ein and'res ist's,
Ob frostig der Verstand nur Widerspruch
Erhebt, ein anderes, wenn er aus der Tiefe
Der Seele, die nach Gott gesucht, sich drängt.)
 Und mit dem Schwert für meine Sache kämpfen?
Um keinen Preis! Geb' jemals meinen Namen
Ich hin zum Feldgeschrei, so lösch' ihn aus,
Mein Gott, dann aus dem Buch des Lebens! Nein —
Es bleibe stumpf das Schwert in seiner Scheide.
Das Wort ist meine Waffe; hat das Wort
Die Welt einst überwunden, hat das Wort
Die Kirche einst gebaut, so wird das Wort
Sie auch von neuem gründen, und das Wort
Wird auch den Papst von seinem Stuhle werfen!
 Und ich des deutschen Volkes Erzbischof?
Das ist der Glanz, der mich verlocken soll?
Das hab' ich nicht gewollt! So schwere Kämpfe,
Der Seele Bangen und des Herzens Zagen,
So viele Thränenflut durchwachter Nächte,
So viele Seufzer ängstlicher Gebete —
Das alles nur um einen Bischofshut?
O nein, so hoch steht er mir nicht im Preise.
 Und nun, was wird des Fürsten Bote bringen?

(Luther ruft ihn selbst herein.)

Ich hatt' Euch fast vergessen, tretet ein!
Des Fürsten Schreiber?

Dritter Auftritt.

Schreiber.
　　　　　Ja, doch mündlich ist
Mein Auftrag, und ich weiß, mit wem ich rede.
Ich komme von Prettin, wo eben jetzt
Melanchthon, Jonas, Amsdorf zur Beratung
Mit Spalatin und Brück sich um den Fürsten
Versammelt haben, wie die Not zu bannen.
Und Kurfürstliche Gnaden gaben mir
Befehl, euch eilig von dem wilden Aufruhr,
Genaue Kunde von dem Sturm zu bringen,
Der Wittenberg durchtobt.

Luther.
　　　　　Was sagt Ihr? Sturm
Und Aufruhr? und in Wittenberg? —

Schreiber.
　　　　　　　　Es hat
Ein wilder Taumelgeist das Volk ergriffen,
Und Karlstadt ist es, der sie trunken machte.
Man will die Messe nicht; gewaltsam rissen
Studenten schon die Priester vom Altare.
Das Bildwerk in den Kirchen wird zertrümmert,
Und die zu diesem Frevel ihre Hände
Erhoben, nennen sich die Heiligen,
Berufen, allen Götzendienst zu tilgen,
Und Christi Reich auf Erden aufzurichten.
Und wie der Nebel hin zum Sumpf sich zieht,
So kamen bald von Zwickau her Propheten,
Ein Storch, ein Stübner und ein Prestenberg,
Handwerker, aber voll des Geistes, wie
Sie sagen, und es wuchs und schwoll der Aufruhr.
Mit neuen Lehren ward das Volk betäubt:
Gleich gelt' es, ob gelehrt, ob ungelehrt,
Auch aus den Ungelehrten spräche Gott;
Und Karlstadt griff zum Pfluge, die Studenten

Verlassen schon in Scharen Eure Stadt,
Und Knaben laufen aus der Schul'; es strömen
Auch Mönche aller Ordenstracht herbei,
Und Nonnen hängen sich den Mönchen an.
(Und weil das Alte Testament erzählt,
Daß Jakob eine Doppelehe schloß,
So seht ihr schon die Heil'gen hie und da
Mit einem zweiten Weibe sich vermählen;
Und da der Herr die Armen selig pries,
So sei der Reichtum Sünde, alles Gut
Soll unter alle gleich verteilet werden.)

Luther.

Nicht bloß ein Kaiphas, und Hannas wüten,
Auch einer von den Zwölfen war ein Judas!
Ich werde kommen.

Schreiber.

Nein, nur Euren Rat
Verlangt der Fürst; er sagt, Ihr solltet bleiben,
Wo Ihr allein der Sicherheit genießt.

Luther.

Ich werde kommen!

Schreiber.

Doch Ihr seid im Bann,
Geächtet, und ein neuer Spruch des Reiches
Gebietet Strenge wider Euch. Georg
Von Sachsen hat begonnen, Eure Freunde
In seinen Grenzen grausam zu verfolgen,
Und wachsam späht er in das Nachbarland,
Gelegenheit erwartend, Euch zu fangen.

Luther.

Ich werde kommen!

Schreiber.

Doch der Kurfürst sagt,
Dann hab' er keine Macht mehr, Euch zu schützen.

Luther.
Bin ich denn hier aus Furcht? Gott weiß es, nein!
Dem Kurfürsten zu Lieb'; es ist genug!
Und hängt auch über meinem Haupt das Schwert,
Und hängt es nur an einem Haar, es kann
Nicht fallen, wenn's mein Gott nicht will.
Der Kurfürst wisse: anders ist's im Himmel
Beschlossen, als im Regiment zu Nürnberg.
Nur reden dürft' ich von dem Glauben? sollt'
Ihn nicht beweisen, der aus blöden, flücht'gen,
Verzagten Leuten eitel Helden macht,
Und Menschen, die der ganzen, weiten Welt,
Dem Teufel in der Hölle trotzen dürfen?
(Hier schlägt ein mutig, unerschrocken Herz,
Es fähret zu und steht der Wahrheit bei,
Es gelte Mantel oder Hals, und ist vergnügt,
Daß ihm sein Gott in Gnaden doch gewogen.
Es lässet fahren, was nicht bleiben will,
Verachtet Gunst und Gnade, Gut und Ehre!) —
Der Kurfürst mich beschützen? o es scheint,
Als müßt' er noch in meinen Schutz sich flüchten.
Hier hilft kein Schwert, hier muß Gott selber raten.
Ich werde kommen, und den Fürsten trifft
Kein Vorwurf, wenn mir Übles widerfährt.
Ja, sagt ihm, daß ich's selbst von ihm erbitte,
Daß er des Kaisers Macht und Majestät
In seinen Landen walten lasse, der
Gewalt nicht wehre, wenn die Feinde kommen,
Mich suchen, fangen, mich zum Tode führen.
Es ist ein andrer Mann, mit dem ich handle,
Der kennt mich wohl, ich kenn' ihn auch nicht übel,
In seinem Namen werd' ich kommen, ihm
Sei Lob in alle Ewigkeiten, Amen!

(Beide ab.)

Vierter Auftritt.

Wittenberg. — [Schuhmacherwerkstätte. Meister, Gesellen und Lehrbursche sind an der Arbeit.]

(Mittelraum der Bühne.)

Meister.

Heda! Gesell, fein säuberlich!
Gieb sorgsam acht auf Hieb und Stich!
Hier heißt es: Schuster, bleib beim Leisten!
Es will sich jetzo jeder erdreisten,
Auch mitzusprechen in der Gemeine,
Und übers Geschwätz versäumt er 's Seine.

Erster Geselle (das Leder klopfend).

Könnt ich, wie 's Leder, die Pfaffen klopfen
Auf's Maul, ich würd' es bald wohl stopfen!

Zweiter Geselle (mit dem Pfriemen bohrend).

Und könnt' ich sie mit dem Pfriemen zwicken,
Sie sollten mir bald demütig blicken!

Meister.

Still sag' ich, still! Da habt ihr's ja,
Sitzt doch der Lehrbub' wieder da,
Als hätt's ihm ganz den Kopf benommen,
Wart! werde dir zu Nutz und Frommen
Mal weidlich über den Rücken kommen!

(Er schwingt den Unterriemen.)

Erster Geselle.

Herr Meister, es ist doch schier zum Lachen,
Sieht man es Euch denn besser machen?
Es geht Euch auch im Kopf herum,
Was jetzt die ganze Welt bewegt;
Da sitzt Ihr oft so still und stumm,
Die Hände in den Schoß gelegt,
Und Hammer und Pfriemen laßt Ihr ruhn,
Als gäb's seit Wochen nichts zu thun.
Bei uns ist's drum ein ander Ding,

Weil unsre Zunge noch frisch und flink,
Und alles sich gleich zum Worte drängt,
Was ihr nur so im stillen denkt.

Meister.

Das eben ist's, was ich nicht will.
Nun munter die Hand, die Zunge still!
(Sie arbeiten ein Weilchen ruhig fort.)

Erster Geselle.

Herr Meister, ich kenn' Euch, Ihr seid klug
Und sagt uns manchen weisen Spruch;
Sagt an: man will die Mess' abschaffen,
Und nichts, so hört' ich männiglich sagen,
Nichts sticht und ärgert so sehr die Pfaffen
Von allem, was neu in unsern Tagen.

Meister.

Kein Wunder, wenn auf die Messen
Die Pfaffen vor allem sind versessen.
Das liest sich bald und leichtlich ab,
Bald geht man Schritt, bald läuft man Trab.
Es macht nicht Arbeit, macht nicht Pein,
Und 's Geld rollt in den Schoß hinein.
Haut ab den gräulichen Drachenschwanz!
Was soll uns all' der eitle Glanz?
All' das Gebimmel, der Firlefanz,
Das Bücken und Neigen, der Mummenschanz?
Scheint's doch, als herrschte das liebe Geld,
Wie hier, so noch in jener Welt.

Zweiter Geselle.

Ihr habt wohl recht, doch — sagt geschwind:
Ich bin doch auch kein kleines Kind,
Aber bei all' dem Kling und Klang
Wird mir das Herz noch immer bang;
Es kommt so mächtig über mich,
Mir wird zu Sinn so wunderlich,

Bin selber wider mich verdrossen,
Daß sie's mir anthun mit ihren Possen.
Meister.
Man macht die Sinne übersatt,
Drob wird der Geist auch krank und matt.
Rauchwolken steigen, süßer Duft
Durchströmt betäubend rings die Luft.
Wohin ihr nur das Antlitz wendet,
Das Auge wird von Pracht geblendet;
Zwei Ohren sind zu wenig schier,
Um all' dem Sing und Sang zu lauschen,
Und so versteht man mit Manier,
Ein Menschenkind ganz zu berauschen,
Und wenn das Herz im Leibe zittert,
Hat's doch im Fleische nur gewittert.
Fühlt ihr euch denn zu Gott erhoben,
Im Geist und Wahrheit ihn zu loben,
Wie's selber einst auf dieser Erd'
Der Herr vom Himmel uns gelehrt?
[Man hört die Rufe: „Die Propheten! Die Bilder nieder!"]
„Die Bilder nieder!" mein' ich zu hören,
He! Bursche, schau' doch mal hinaus!
Wie Nesseln wuchern die neuen Lehren,
Und eine sticht die andere aus,
Lehrbube (der von der Seite aus in die Hinterbühne hineinsieht).
Der Karlstadt ist's mit seiner Rotte.
Meister.
Die macht das Beste noch zum Spotte!
(Das Rufen wird lauter, wilder. Die Gesellen erheben sich.)
Gesellen.
Herr Meister, nicht wahr? Heut' sind wir frei?
(Sie eilen davon, ohne Antwort abzuwarten.)
Meister.
Ja, ja, da heißt's; nicht lange besinnen!
Die Arbeit ist nun wieder aus,

Kein Hammerschlag durchtönt das Haus,
Im schnellsten Laufe ging's von hinnen.
Doch — sind Gesell' und Burschen frei,
So sei der Meister auch dabei,
Daß sie nichts Thörichtes beginnen. (Zur Seite ab.)

Fünfter Auftritt.

[Der zweite Zwischenvorhang öffnet sich, so daß nun der ganze Bühnenraum offen liegt. Im Hintergrunde links (Diagonale) eine Treppe mit Thür, so daß ungefähr das Portal einer Kirche sich darunter denken läßt. Aus dieser Thüre tritt später Luther heraus, so daß er auf der obern Stufe der Treppe steht. Unmittelbar nach Öffnung des zweiten Vorhangs drängen von allen Seiten Leute, Männer und Weiber, auf die Bühne, so daß nun bald deren ganzer Raum eingenommen ist. Im Vordergrunde Karlstadt und die Zwickauer Propheten Storch, Stübner, und Preßlenberg.]

Karlstadt (im Bauernkittel).

Die Götzen aus dem Tempel!
(Mit der Hand nach jener Treppe zeigend.)

Storch (Zwickauer Prophet.)

Heilig sei
Die Stätte, da des Herren Ehre wohnt!

Volk.

Die Bilder nieder! Werft die Bilder nieder!

Weib.

Mich faßt der Geist, ihr Gläubigen, hört!

Bürger.

Was will
Das Weib? Die Weiber sollen schweigen! —

Storch.

Laßt
Sie reden!

Mehrere.

Hört die Stimme des Propheten!

5*

Storch.

In diesen Tagen will ich meinen Geist
Ausgießen über Knecht' und über Mägde,
Und eure Söhne, eure Töchter sollen
Weissagen, spricht der Herr.

Weib.
Der Bräut'gam kommt,
Er küßt mich mit dem Kusse seines Mundes:
Wach auf! verkünd'ge! öffne deine Lippen!
Zieht Feierkleider an, denn heilig ist
Die Erde!

Männer und Weiber (in Ekstase).
Heilig! heilig!

Storch.
Macht dem Herrn
Die Steige richtig, werft zu Boden, was
Sich hat erhöht!

Karlstadt.
Zerstört des Satans Reich!
Vertilgt die Gottlosen, richtet auf
Das Reich der Frommen! euer ist das Erdreich!
Es kommt der Herr, das Jubeljahr bricht an,
Dann nimmt man euch die sauern Lasten ab,
Der Adel greift zum Pfluge wie der Bauer,
Und keiner dient dem andern, alle sind
Sich gleich, sind Brüder! Des Geringsten Stimme,
Des Ungelehrten Meinung gilt im Rat.
Kein Bettler wird in Lumpen gehn und fürder
Die magern Hände nach der Gabe strecken,
Die ungern nur der Reiche ihm gewährt.
Ergreift das Regiment, das euch gebührt,
Euch Israel, dem Volk der Heiligen!
Stürzt nieder, die euch drücken! reiniget
Vom götzendienerischen Greuel die Erde!

Volk (wild durcheinander).
Die Götzen nieder! werft die Bilder nieder!
(Sie stürmen auf die Kirchthür los. Auf der obersten Stufen stehen, die während Karlstadts Rede gekommen, Luther, Melanchthon, Jonas u a.)

Luther (den Anstürmenden entgegen).
Zurück!

Stimme aus dem Volke.
Wer hindert uns?

Luther.
Zurück! ich bin's,
Martinus Luther, der zuerst den Kampf
Mit Rom und mit des Papstes Rotten kämpfte!
Ich, der zuerst den rechten Glauben lehrte,
Zuerst auch von der Christenfreiheit sprach.
Betretet nicht die heil'gen Stufen! Sie
Erseufzen unter euch und euren Füßen!

Storch.
Der Geist des Vaters ließ sich auf uns nieder,
In alle Wahrheit hat er uns geleitet!

Luther.
So laßt den Geist uns prüfen, ihr Propheten!
Auch ich weiß wohl ein Wort davon zu sagen.
Was redet dieser Geist zu euch? sagt an!
Spricht er nur lauter Wonn' und Süßigkeit
In euch hinein, und nennt er euch Erwählte,
So ist's ein Trug und Lügengeist; es fehlt
Das Kreuz, es fehlt der Mann der Schmerzen.
„Wie der Löwe hat er mein Gebein zerbrochen,
„Verworfen fühl' ich mich vor seinen Augen,
„Und meine Seele ist mit Pein erfüllt,
„Mit Vorgefühl der Hölle!"
Das ist die Art der göttlichen Gespräche.
Falschmünzer ihr, aus schlechtestem Metall
Sind eure Münzen, lügnerisch im Glanze

Des lautern Goldes vor dem Volke prahlend.
Zur Frechheit wandelt ihr der Christen Freiheit,
Zum Deckel eurer Bosheit muß sie dienen.
Ihr seid der heil'gen Wahrheit schlimmste Feinde!
Mir ist's ein Kleines, Aufruhr zu erregen,
Mit Strömen Bluts des Vaterlandes Fluren
Zu tränken! Welch' ein Schauspiel für die Hölle!
Doch diese Freude gönn' ich Satan nicht.
Zur Freiheit von der Satzung rief ich nur,
Weil ich in Gott den Menschen binden wollte.
  O Wittenberg, wie gabst du guten Klang!
Nun bist du zum Gespött der Leute worden.
Wie leuchtetest du andern Städten vor!
Nun kehrst du deine Fackel um und trittst
Ihr Feuer aus! — Empörer ziehen deine Bürger
Nun durch die Straßen! —

Erster Bürger.

Ich habe nichts mit ihnen mehr zu schaffen.

Zweiter Bürger.

Legt eure Äxte nieder!

Stübner.

  Bürger, hört!
Ein Wunder! Wunder wirken nur Propheten.

(Zu Luther.)

Du ziehst in Zweifel unf're Sendung? Willst
Nicht glauben, daß der Geist uns treibt? — Ich will
Dir sagen, was du eben jetzt empfindest!

Luther.

So sag's!

Stübner.

  Du fühlst dich selbst von uns gezogen
Und willst mit deinen Worten dich betäuben.

Luther.

Gott straf' dich, Satan! listig ist dein Anschlag.
War't ihr gefesselt, ihr Dämonen? ihr
Geister der Hölle, lagt ihr still und schliefet?
Hab' ich euch aufgeweckt? Ist's nicht genug,
Mit Feu'r und Schwert zu wüten? kann der Rauch
Der Scheiterhaufen nicht das Licht verdunkeln?
Irrlichter müssen's äffen, mit dem Schimmer
Des Augenblicks das ew'ge Licht verhöhnen!

 Das, Karlstadt, ist dein würdiges Gefolge,
An dessen Spitze du als König schreitest?
Laß ab von deinem Treiben! kehre um!
Entscheidet, Bürger! Ich, in Acht und Bann,
Kam eilends her von meiner sichern Burg
Euch freundlich mahnend zu der alten Ordnung
Zurückzuführen, — und — man klagt mich an.
Trifft mich die Schuld, hier bin ich, nehmt mein Leben!
Man dankt es euch, wenn ihr den Ketzer tötet.

Erster Bürger.

Und wenn im ganzen Reich euch Schwerter drohn,
In eurem Wittenberg — da seid ihr sicher! —

Zweiter Bürger.

Wir wollen Ruh'! Propheten, macht euch fort!
Hier ist für euer Treiben nicht der Ort.

Dritter Bürger.

Doktor Martinus ist der rechte Mann,
Er führ' es weiter, wie er es begann!

Erster Bürger (zu Luther).

So geben wir uns all' in Eure Hände,
Mit Euch ist Gott, ihr bringt's zum guten Ende!

(Erster Hauptvorhang fällt.)

Fünftes Bild.
Torgau und Wittenberg.

Erster Auftritt.
[Vorderraum.]
Leonhard Köppe, Köppe der Jüngere und Wolf Tomitzsch.

Leonhard Köppe.
Nehmt Platz! — (sie setzen sich) Es soll gelingen, denk' ich,
Es muß jetzt sein! Die Sache drängt und — duldet
Nicht Aufschub mehr!

Tomitzsch.
Ist's das, wovon du jüngst
Mir sprachst?

Leonhard Köppe.
Was ich ins Ohr dir raunte.
(Zum jüngern Köppe.)
Dir
Hab' ich es, Vetter, gestern ja vertraut,
Doch hatt' ich gestern noch Bedenklichkeiten.
Heut' sind sie mir verschwunden. Hier dies Schreiben —

Köppe der Jüngere.
Von wem? von wem? sag' an!

Leonhard Köppe.
Aus Wittenberg,
Von wem? Ihr ahnt's, allein es sei und bleibe
Geheimnis unsrer Brust!

Köppe der Jüngere.
                        O gieb's mir, gieb!
Nicht zum Eröffnen, nein, nur daß ich einmal
Es halt' in meiner Hand!
        (Er nimmt's und schaut mit dem Ausdruck der Ehrerbietung es an.)
                        Nur Gutes steht
In diesem Schreiben, was es auch enthalte!
So schreib' es uns auch uns're Thaten vor! —
                Leonhard Köppe.
Es räumt hinweg, was mich zurückhielt. Soll,
So fragt es, soll sich endlich nicht die Zeit
Nun wirklich auch in eine neue wandeln?
Soll Sehnsuchtsruf und Schmerzensschrei, die nach
Der neuen Zeit verlangen, ungehört
Verhallen? Und beweglich legt es mir
Das Schicksal armer Nonnen auf die Seele,
Die dort in Nimptschen nun seit Monden schon
Nach Freiheit schmachten, und der Schalk, er meint,
Ich sei ja schon geübt im Klosterbrechen
Von früher her. — Die armen Dirnen riefen
Vergeblich Freunde und Verwandte an.
Den einen hat der Geiz, den andern hat
Die eigne Not das Ohr verstopft. „Dann muß
Ich ja der Schwester auch vom Erbgut geben."
So spricht der Geiz des Bruders, und die Not
Kann's nicht begreifen, daß die jüng're Tochter
Im Vaterhaus zum dürftigen Male lieber
Sich setzen will, als in dem Zwang des Klosters
An Wildprettische! Wißt ja, wie man gern
Bei schmalem Erbgut jüng're Söhn' und Töchter
Ins Kloster gab und so vom Hals sich schaffte.
Nun jene neun in Nimptschen, dort — das Kloster —
Mit unsrer Stadt so mannigfach verbunden —
Es untersteht im Guten und im Schlimmen
Den Bürgern Torgaus —
        (Comitzsch will sprechen, Einsprache erheben, Köppe schneidet ihm das Wort ab.)

                    Ja ich fühle mich
Verantwortlich für das, was sie dort treiben —
Also die neun dort sollen nicht mehr schrei'n
Nach Freiheit, heute noch, in dieser Nacht
(Kein Mondschein leuchtet, und kein Stern wird flimmern),
Soll dieses köstlichste der Güter ihnen
Geboten sein. Hab' alles schon bedacht,
Besorgt — sie wissen, daß wir kommen! Nur
Sind handfeste Fäuste noch von Nöten,
Man weiß nicht, was geschehen kann; drum hab'
Ich heut' die Bürger einberufen. Wer
Zu kühner That bereit ist, werb' ich sagen,
Der kommt zu mir heut' Abend in mein Haus;
Ich führe ihn. — Ihr und ich — ein jeder
Nimmt drei der frommen Nönnlein auf sein Conto,
Drei Wagen sind bereit, und jeder nimmt
Vom Kloster ab in and'rer Richtung dann
Den Weg, die Nönnlein selber bergen wir
In Tonnen.

Tomitzsch (erschrocken).
Tonnen?

Leonhard Köppe.
                Ja, in Tonnen, alten
(Köppe der Jüngere lacht.)
Torgauer Heringsfässern! nun sie sind
Gespült, gewaschen, neu mit Pech geschwellt!
Laßt's gut sein! Hei, das wird 'mal eine Fahrt
In dunkler Nacht als bieb're Heringshändler
Wir unterwegs! Doch heißt es nicht: „Durch Nacht
Zum Licht und aus der Enge in die Weite?"
Recht faßbar und in kräft'gem Sinnbild führen
Wir's heute Nacht den frommen Nönnlein vor.
Ein Hauptwerk ist's, ich sag's, was wir vollbringen:
So lang' es Nonnen giebt noch in der Welt,

Steht auch die Hausfrau nicht auf ihrer Höhe;
Der Bruch der Klöster ist des Hauses Bau.
(Alle ab.)

Zweiter Auftritt.

Torgau (Markt). — [Bürger kommen von verschiedenen Seiten.]

(Der erste Zwischenvorhang ist zurückgezogen. Vorderraum und Mittelraum sind eins.)

Erster Bürger.

Na?

Zweiter Bürger.

    Na?

Erster Bürger.
Was meinst du?

Zweiter Bürger.
Ich!

Erster Bürger.
Ja du!

Du meinst wohl immer nur im stillen!

Zweiter Bürger.

Hast du denn, was du denkst, gleich auf der Zunge?

Erster Bürger.

Ich? Immer, immer! Und so sag' ich's heute
Gerad' heraus: es ist zu viel, dreimal —
In vierzehn Tagen dreimal uns versammeln!
Wer zahlt uns, wer ersetzt, was wir verlieren?
Und käme doch was Rechtes noch heraus,
So möcht's noch schleichen, aber so — was wollt'
Er nur? (zu einem, der sich inzwischen hinzugesellt hat).

Dritter Bürger.

    Im Reden üben wollt' er sich;
Die flotte Zunge gilt jetzt mehr als sonst.

Die Pred'germönche ziehn die Kutte aus,
Die Senatoren stülpen sie sich über;
Es dreht sich eben alles um, und wie
Die Franziskaner sonst uns haranguierten,
So haranguiert uns jetzt der jüngste Ratsherr.

Zweiter Bürger.

Na, wißt ihr, ich muß meinerseits bekennen,
Ich hör' ihn gern. — So, wenn er sagt zu Anfang:
„Ihr Leute, Bürger", „Stadtgenossen", sagt er,
„Mitbürger", seht, das geht mir immer so
Ans Herz. Das ist ein Mann, so müßten nur
Auch alle sein! Wird unser Bürgermeister
Uns je so nennen? Der, der poltert los,
Als wären wir nur alle seine Knechte.

Erster Bürger.

Pst! Still! Er kommt!
(Der Bürgermeister geht in Amtstracht über die Bühne. Die Bürger treten ehrerbietig zur Seite.)

Bürgermeister (zu den Bürgern).

Mal wieder Volksversammlung ohne Not?
Gebt Acht auf euch, daß ich nicht strafen muß
An euch, was ihr für ihn gethan!

Alle drei Bürger!

Zu Gnaden,
Herr Bürgermeister, wir sind gute Bürger
Und halten Frieden.

Bürgermeister.

Will's auch hoffen!
(Bürgermeister geht stolz ab).

Zweiter Bürger.

Na?
Da habt ihr's ja! Ich will's auch hoffen! das
Ist alles, der Gestrenge kennt uns nicht
Als Bürger Torgaus — seiner Stadt Genossen!

Dritter Auftritt.

Leonhard Köppe.
(kommt und wird sofort von Bürgern umringt. Er winkt mit der Hand um Ruhe, von einem Podium im Hintergrunde herab).

Mitbürger, Männer, Stadtgenossen!

Zweiter Bürger.
Heut' heißt es auch noch Männer!

Leonhard Köppe.
        Es bedarf
Die Zeit, die jetzt im Morgenlichte aufsteigt
Der Männer. An die Bürger Torgaus drum
Dies Wort! Zurückblieb uns're Stadt bis jetzt;
Sie liegt zu hart am Hartenfels*). Das Zaudern
Des alten Herrn umschlang auch uns; er wollte
Sein Torgau still zu seinen Füßen sehn.
Und als dann doch einmal der neue Geist
Mit Sturm'sgewalt in euch und mir sich Bahn
Gebrochen und das Kloster brach, wie tönt' es
Da hart und herb vom Hartenfels hernieder!
Ich mußte fliehn, doch jetzt ist and're Zeit:
Der Alte starb, nicht heißt es mehr: zwei Schritte
Vorwärts und einen stets zurück!

Bürger.
        So war's, ja ja
So war's!

Leonhard Köppe.
Ein and'rer Wind weht jetzt von dort,
Vom Hartenfels durch uns're Stadt: Johann
Sah damals schon nicht sauer drein, als wir
Die Franziskaner aus der Höhle jagten,
Und schreiten wir zu neuer kühner That,
Er tadelt's nicht. — Es ist doch so, Mitbürger:
Will man ein neues Haus sich baun, dort, wo
Das alte steht, so muß das alte Dach

---
*) Schloß der Kurfürsten.

Erst abgerissen werden; soll sich uns
Nach Luthers Lehr' ein neuer Kirchenbau
Erheben, muß der alte Kram, Gerümpel
Und alt' Gemäuer erst gebrochen werden.
Bürger.
Na, das begreift ja jeder!
Leonhard Köppe.
Wittenberg
Macht uns den Plan und Riß, wir führen's aus,
Wir drücken's durch! In Torgau muß
Der neuen Kirche Bau beginnen, aber
Das alt' Gerümpel und Gemäuer muß —
Bürger.
Vorerst gebrochen werden!
Leonhard Köppe.
Schnell und fest!
Ich seh's, es fiel mein Wort auf guten Boden.
Freiwill'ge vor, so heißt es jetzt, und Luther
(Bewegung unter den Bürgern.)
Bürger.
Na still doch! still! er spricht von Luther —
Leonhard Köppe.
Der —
Luther? Er dankt es euch! Er kann doch einmal
Nicht alles thun; er lehrt, wir müssen handeln.
Es muß das Volk von selbst ausstoßen, sagt er,
Was fürder es zu tragen nicht vermag.
Freiwill'ge vor! Wer sich zu kühner That
Mit mir verbünden will, der komme heut',
Wenn Dunkel sich aufs Land gelegt, zu mir,
Daß ich zu kühner That ihn führe. Schafft
Die Mönch' und Nonnen fort und reißt sie ein,
Die Burgen aller Unfreiheit, die Klöster! —
(Vom Podium herunterſteigend.)

Bürger (durcheinander).

Ja, ja die Klöster fort, die Klöster!

Leonhard Koppe
(aus dem Hintergrunde in das Volk rufend).

Glaubt
Es mir, Mitbürger, manch ein Nönnlein schaut
Voll Sehnsucht aus nach dem Befreier, küßt
Voll Dank die Hand, die's aus dem Kloster führt.

(Die Bürger zerstreuen sich.)

Erster Bürger (im Abgehen seine Hand betrachtend).

Manch Nönnlein küßte mir die Hand? —

Zweiter Bürger.

Ja schau',
Mußt sie erst waschen, Bruder.

Erster Bürger.

Na, das sag' ich:
Gewaschen oder nicht, sie ist dabei,
Die Hand! doch du? du, alter Junge, ballst
Die deine nur vorsichtig in der Tasche.

Vierter Auftritt.

(Auch der zweite Zwischenvorhang hat sich geöffnet! man schaut in
den Hintergrund der Bühne.)

[Wittenberg — Luther und Käthe]

(Luther am Schreibtisch, Käthe bei einer Näherei am Fenster. — Stummes Spiel
zunächst. — Luther unruhig an seinem Pulte, schreibt, streicht aus, stützt den
Kopf und seufzt. Käthe blickt auf. — Luther schreibt wieder, und Käthe beugt
sich wieder zum Nähen hinab. — Luther seufzt wieder, Käthe blickt auf.)

Käthe.

Mein lieber Herr, Ihr seufzet —

Luther.

Ja, ich seufze,
Und hab' auch Grund dazu; doch laß mich, Käthe.

Käthe.

Gern laß ich Euch, doch laß ich Euch nicht seufzen.
Was drückt dich, lieber Mann?

Luther (tritt an Käthe heran und legt die Hand auf ihre Schulter).
                        Was hast du da
Nur für ein langes Zeugwerk auf dem Schoß?
Es lastet schwer?

                Käthe.
                        Traun? Du erkennst es nicht,
Mein lieber Doktor?

                Luther.
                        Ei, das ist wohl gar
Mein Predigtrock?

                Käthe.
                        Er ist's. Der Kragen war
Nicht sauber mehr, drum füg' ich einen neuen
Ihm an; es muß doch mein herzlieber Doktor
Vor allen andern fein und sauber stets
Mir sein!

                Luther.
                        Und wenn du's nun gemacht, was fühlst
Du dann?

                Käthe.
                        Was ich dann fühle? — Du verwirrst mich —
Was ich dann fühle? nun — im Grunde nichts,
Weil sich von selbst verstand, was ich gethan.

                Luther.
Im Grunde nichts? Doch weil du thatest, was
Von selber sich verstand — verstehst du mich,
Viel liebe Frau? — war ein bestimmt Gefühl
In deiner Brust. — Sag an, was fühltest du?

                Käthe.
Ihr macht mich noch verwirrter, lieber Doktor,
Ihr möchtet Euren Geist in mich hinein=
Examinieren, doch das glückt Euch nimmer.
Bin dazu viel zu schwach, ich fühl' es wohl — (traurig)
Habt darum auch wohl schwer an mir zu tragen?

Luther.

Frau Käthe, ei, was redet Ihr für Dinge!
Ihr war't schon oft Magister mir und Doktor,
Hab' hohe Achtung stets vor Euch.

Käthe.
Ihr spottet.

Luther.

Ein schlechter Mann, der seine Frau verhöhnt;
Es fällt der Spott nur auf ihn selbst zurück.
Sollt' ich mein Weib nicht kennen? Käthe, sprich:
Was fühltest du? —

Käthe.
So sag' ich's, ob's auch noch
So dumm ist! — Nun — ich fühlte — fühlte — ja!
Mich so zufrieden, war so still beglückt, —
Ich hatte dir's gethan und mir zugleich,
Und unserm Hause, Ordnung zu erhalten!
So klein es war, es war was Gutes doch.

Luther.

Herr Käthe, Doktor der Theologie,
Ihr lehret recht und gut, weil Ihr recht fühlet!
Hast jemals du, da du noch Hora sangst,
So ruhig, so zufrieden dich gefühlt?
So mit dir eins? —

Käthe.
Ich nahm's als meine Pflicht
Und fühlte mich darum nicht unzufrieden.
Erst als von deinen Schriften ich gelesen,
Da ward es anders, anders, und so ist
Es besser nun, viel besser, lieber Doktor!

Luther.

Wie wahr und schön nennt Gottes Wort die Frau
Gehilfin ihres Mann's! Ihr lehrt uns tragen,
Wo wir nur immer stürmen möchten, lehrt

Im Harr'n und Stillesein uns stark sein! — Seltsam,
Das wußt' ich nicht, daß, als ich jenen Stürmern
In Torgau Auftrag gab, Euch zu befrei'n,
Ich mir mein Weib würd' holen lassen. Will's
Darum auch nicht bereuen, daß ich's that.

     Käthe (halb betroffen, gespannt ihn ansehend).

Bereuen?

      Luther.
 Daß ich zur Gewalt hier riet.

      Käthe (erleichtert).

Ich find' es recht — ganz recht!

    Luther (mit düsterm Blick, Käthe nicht ansehend).

        Hast niemals du
Gezweifelt, ob du wirklich bist mein Weib?

      Käthe (tief erschrocken).

Gezweifelt? ich? wie sollt' ich? bin ich dir
Nicht angetraut durch Gottes Wort?

     Luther (in tiefer, innerer Erregung).

        Du warest
Doch Nonne, ich war Mönch —

      Käthe (mit Bestimmtheit).

       Ich war nicht Nonne,
Du warst nicht Mönch, ob auch das Klosterkleid
Uns noch bedeckte! Das war Lüge, nun
Stehn in der Wahrheit wir! — Ich nehm's, mein Lieber,
Nicht ganz so ernst, wie du. Ich fühl's: es war
So recht, bin glücklich, und ich grüble nicht.
Ich war den Bürgern Torgaus niemals böse,
Und weile d'rum in ihrer Stadt auch gern.
 Nun aber sag mir, warum seufztest du?
Weil du mich hast zum ehlichen Gemahl?

      Luther.
Ei, Käthe, welch' Geschwätz! will's dir gestehn:
Da tret' ich morgens an mein Pult, und voll

Und übervoll ist Herz und Kopf, es preßt
Und drängt mich hin zur Feder, und ich schreibe,
Und zitternd fliegt die Hand dahin, kaum kann
Sie folgen noch dem Fluge der Gedanken —
So war's auch heute, und da — plötzlich — sieh —
Da stockt es, und ich sinne, ich zermart're
Dann Herz und Kopf und komme doch nicht wieder
Recht in den Fluß, bin doch recht schwach —
   Käthe (aufspringend und ihn an der Hand fassend).
Hier steht der Starken Stärkster mir zur Seite!
   (Mit starkem Ausdruck des Stolzes.)
Mein Mann!
    Luther.
  Du Schmeichlerin! allein es stockt,
Bring's nicht in Fluß trotz aller meiner Stärke!
    Käthe.
Rinnt denn zu jeder Zeit die Elbe draußen
Mit gleicher Mächtigkeit ins Meer hinab? —
Jetzt eben stockt die Schiffahrt
    Luther.
   Ist mein Kopf
Ein Flußbett und mein Herz ein Fluß?
    Käthe.
    Doch beide
Sind irdisch.
  Luther (Käthe liebevoll ansehend und mit Herzlichkeit).
  Käthe, ja! Sind irdisch! Mahnst
An einen Größern mich, der seinen Schatz
Auch einst in irdenen Gefäßen trug.
    Käthe.
So warte drum auf eine bess're Stunde
Wo's ganz von selber wieder flutet. — Sieh,
Mir ist's schon recht, wenn's einmal stockt und mein
Gemahl die Feder dann zur Seite legt:
Das sind die Stunden, wo für mich dann etwas
Abfällt; sag', war's nicht schön so, lieber Mann?

Luther.
Es war das auch ein Bau'n des Reiches Gottes!
Käthe (sich wieder setzend).
Und nun — bist wieder du im Fluß und fährst
Nun fort.
Luther (schelmisch).
Nun fort? muß doch das Alte erst
Von neuem lesen, und da kann's geschehn,
Daß in dem alten Sand die neue Flut
Verrinnt. Es will das Alte mir dann nie
Gefallen; finde, daß das Wort nicht deckt den Geist.
So lahm, so schaal ist alles! — Möcht's drum sein,
Ob mir's gefällt, ob nicht, allein das Wort,
Das nicht genau und scharf giebt, was ich dachte,
Wird für die And'ren Quell des Irrtums leicht.
Das ist, was mich bedrückt, das läßt mich seufzen.
Käthe.
Verglich nicht jüngst Herr Jonas deine Rede
Dem Waldstrom, der sich über Felsen stürzt
Und Busch und Baum entwurzelt? und ein and'rer
Vergleicht dein Wort dem Schlag der Nachtigallen,
Der dritte nennt dich Deutschlands neue Zunge!
Ist's nur der Klang, der sie berauscht? o nein!
Sie fühlen, daß da Wort und Geist sich decken!
Luther.
Sieh, sieh doch, wie genau du das gemerkt!
Käthe.
Und ich, du lieber Mann, ich fühl' es auch.
Gieb dich zufrieden: wer dich nicht versteht,
Der will's nicht und — das ändert keine Wandlung
Der Rede ab. —
(Melanchthon tritt ein.)
(Zu Melanchthon) Grüß' Gott, ihr werdet's mir
Bestätigen, was ich dem Doktor sagte!

Melanchthon.

Ich? Gern! doch was?

Käthe.

Gewiß, Ihr werdet's thun.

Setzt Euch zu mir!

Famulus (tritt eilig ein).

Herr Doktor draußen harrt
Ein edler Herr, der Euch zu sprechen wünscht.
(Käthe will fortgehen).

Luther.

Bleib, Käthe, bleib! wer wird's denn sein? ein Ritter,
Ein Gräflein — auf der Fahrt durch Wittenberg —
Und will dabei den Luther mal begaffen.
(Zum Famulus) Führ ihn herein!
(Käthe setzt sich nieder.)

Fünfter Auftritt.

[Albrecht von Brandenburg, Großmeister des deutschen Ritterordens in Preußen tritt ein.]

Luther (in sichtlicher Überraschung).

Albrecht von Preußen? Deutschen Ritterordens
Großmeister?

Albrecht.

Ja, ich bin's! Albrecht von Preußen.
Doch woher kennt Ihr mich, hochwürd'ger Doktor?

Luther.

Sollt' ich, der Mönch einst, nicht die Ordenstracht
Der Rittermönche kennen und nicht wissen,
Welch' Zeichen ihren Abt-Großmeister kündet?
Albrecht von Brandenburg seid mir willkommen!
Erhielt von Nürnberg aus schon über Euch
Manch' gute Kunde.

Albrecht.
Bin beglückt, Herr Doktor,
So freundlichen Empfangs.
(Blickt auf Melanchthon und auf Käthe.)

Luther.
Melanchthon!

Albrecht (verbindlich).
Auch
Mit Euch mich zu besprechen war mein Sinn.
(Melanchthon verbeugt sich.)

Luther.
Und dort, Herzog, mein liebes Eheweib.
(Katharina erhebt und verbengt sich. Albrecht von Brandenburg grüßt in ritterlicher Haltung.)

Wünscht Ihr, so läßt sie uns allein, indes
Auch wenn sie bleibt, und ob sie's hört, Ihr sprecht
Zu meinem Ohre nur.

Albrecht (zu Käthe).
Ich bitte, bleibt.
(Zu Luther). Gern schlag' ich ein in diese Hand, die sich
So warm mir beut.
(Albrecht und Luther reichen sich die Hände.)

Luther (die Hand Albrechts haltend).
Seid nochmals mir willkommen,
Herzog! Es paart sich trefflich deutsch und ritterlich,
Und trägt dann Arm und Mantel noch das Kreuz,
Daß sich zu deutsch und ritterlich noch christlich
Gesellt, das ist der beste Dreiklang, den
Ich kenne, Herzog, und er tönt mit Macht, ich hör's,
Aus Euch und Eurem Wesen mir entgegen —

Albrecht.
Von Nürnberg komm' ich, von dem Reichstag, weilte
Dort lang, allein vergeblich, all' mein Müh'n
Umsonst! nur leere Worte hatte man
Für mich und für des deutschen Ordens Sache.

Unglücklich war, Ihr wißt, der letzte Krieg
Für uns, den wir mit Polen kämpften, hart
Der Friedensschluß. Der Slave setzt schamlos
Den Fuß auf Land, das niemals er besessen,
Das deutsche Ritter einst mit ihrem Schwert
Und ihrem Blut den Heiden abgerungen.
Des Mutterlandes Pflicht ist, uns zu helfen,
Allein, die mich verstanden, hatten nicht
Die Macht, und der die Macht hat, der — verstand
Mich nicht, ob ich auch noch so bringend bat.
Der Kaiser zwingt das deutsche Ordensland,
Von Deutschland immer weiter sich zu lösen.
Er blickt nach Westen nur, im Osten mögen
Verrat und Treubruch sich zu Herren machen;
Nach Westen, darum Frieden mit dem Papst
Um jeden Preis, nichts weiter! Mit dem Papst
Im Bund' hofft Frankreich er zu bändigen!

Luther.
So will er durch Beelzebub die Teufel
Unschädlich machen! —

Albrecht.
            Und von Frankreich schweift
Sein Blick dann über's Weltmeer: Kolonieen
Und wieder Kolonieen im fernen Westen
Mit Gold und Handel, darauf steht sein Sinn,
Und leicht giebt er im Osten schutzlos preis
Uralte deutsche Siedelung.

Melanchthon.
         Es hat
Für deutsche Art der Kaiser kein Verständnis.

Luther.
Am wenigsten für das, was deutscher Art
Der Quellpunkt ist. Das Gold der Kolonieen

Wird ihm das Gold des Geistes nicht ersetzen,
Den er zertritt. —

Albrecht.

Als ich ein gutes Wort
Für Euch und Eure Sache, der ich mehr und mehr
Mich innerlich verbunden fühlte, sprach:
Daß man der Kirche schlecht aufhelfe, wenn
Man bann' und ächte, wo ein Mund das Wort
Der Wahrheit rede, hieß es: laßt in Ruh' uns
Mit diesem Nichts! —

Luther (tief traurig).

O Kaiser, armer Kaiser!
Ein Fürstenhaus, und wär' es noch so mächtig,
Das mit dem Volksgeist sich in Zwiespalt setzt,
Wenn Gott, der Herr, ihm neue Bahnen öffnet,
Es muß zerschellen, wird vom Boden einst
Des Landes, das es stolz das seine nennt,
Verdrängt. Doch wo die Hallen des Palastes
Derselbe Geist durchweht, der in der Hütte
Des Volkes waltet; wo der Fürst in Treuen
Des Volkes Seele zu verstehen trachtet,
Da treibet solch' ein fürstliches Geschlecht
Bis in das Mark des Volkes seine Wurzeln.

Albrecht (in innerlicher Bewegung).

Wohlan! ich werd' es machen, wie man's dort
Mir riet! es sei das Ordensland vom Reiche
Zu weit entfernt, wir müßten selbst uns helfen.
Wir werden selbst uns helfen! Was ich dort
Vergeblich suchte, und vielleicht nicht hätte
Dort suchen sollen, such' ich anders nun
Bei dir; du bist des deutschen Landes Großmacht!
Sag' an! Was rätst du mir? was soll ich thun?
Aufgeben, was einst deutsche Kraft erwarb?

Luther und Melanchthon.
Mit nichten! Nein! Das nicht!

Albrecht.
                       So sei's denn, nein!
Doch wie nun das Erworbne fest behaupten?

Luther.
Gebet dem Orden einen neuen Geist
Und mit dem neuen Geiste neues Leben
Und in dem neuen Leben neue Kraft!
Erlöst ihn aus der Lüge seines Daseins,
Dem Zwitterleben, das ihm Möncherei
Und Rittertum zugleich auf seinen Hals hängt.
Laßt sie nur Ritter sein, nicht Mönche auch,
Und wurzelt sie als Grundherrn fest dann ein
In den so schwer errung'nen Boden; Herzog,
Sie lassen ihn nicht wieder aus der Hand,
Sie müßten denn — ein jeder auf dem seinen —
Erschlagen werden; jetzt — das ist ein Kampf
Um Eigentum, das keinem eigen ist;
Und Ihr, Albrecht von Preußen, nehmet dann
Das Ordensland als weltlich Herzogtum
In erblichen Besitz!

(Albrecht lächelt.)
                   Ihr lächelt, Herzog?
Ich mein' es ernst. Ja, macht das Ordensland
Für Gottes Wort zu einer Pflegestätte!
Ihr schaffet' dann in neuen Formen nur
Des Ordens altes Werk: dem Christentum,
Dem Evangelium macht Ihr freie Bahn.
Vom Papste los! —

Albrecht.
                Es sei! ich kehre noch einmal
Hierher zurück; bis dahin wählt verständ'ge

Und wohl erprobte Männer mir, bereit
Als meines Land's Reformatoren mir
Zu folgen! —

Luther (tiefbewegt).

Herzog, Gott, der Herr, hat Euch
Hierhergeführt. Er hat auch schon bereit,
Die Eurem Land das Wort der Wahrheit bringen.
So geht mit Gott!

Albrecht.

Auf Wiedersehn! Lebt wohl!
(Albrecht von Preußen ab.)

Fünfter Auftritt.

[Käthe bleibt auf ihrem Platze. Luther und Melanchthon treten noch weiter vor, nachdem Luther schon mit Herzog Albrecht nach und nach aus dem Hinterraum in den Zwischenraum vorgetreten waren.]

Luther, Melanchthon, Käthe.

Luther.

Was sagst du, Freund Melanchthon? nicht? es jubelt
Das Herz dir in der Brust?

Melanchthon.

O, welche Tiefe
Des Reichtums Gottes, der Erkenntnis und
Der Weisheit!

Luther.

Ja, das ist der Lobgesang,
Den wir zu Gottes Ehr' jetzt singen müssen.

(Luther ist nun ganz in den Vordergrund getreten. Melanchthon steht, das Haupt sinnend in der Hand, zur Seite. Käthe, im Hintergrunde, hat die Arbeit fallen lassen. Sie sitzt mit auf den Knieen gefalteten Händen da und blickt zu ihrem Manne, wie andächtig, empor. —)

Gebannt und in des Reiches Acht — und machtlos
Des Papstes Bann, des Kaisers Acht! Zu Ende

Geht's jetzt an mir mit ihrer Schreckenswirkung,
Die mächt'ger einst als Blitz und Donner war.
Nicht Volk, nicht Fürsten fragen mehr danach!
Ein Hohenzoller trieb mich in den Kampf,
Ein Hohenzoller fragt um meinen Rat
Auf meine Lehr' sein junges Reich zu gründen!
Albrecht von Mainz trieb mich in Acht und Bann,
Albrecht von Preußen ruft mich an zum Bunde!
Von Papst und Kaiser wendet kühn und stark
Der Hohenzollern edles Blut sich ab,
Um mit des deutschen Ritterordens Banner,
Schwarzweiß, der neuen Zeit voranzugehen;
Es für die Wahrheit, des Gewissens Freiheit,
Ein ernstes Zeichen, machtvoll zu entfalten!

Gott, der im Licht der Ewigkeiten wohnt,
Vor dessen Blick sich Erdennebel heben,
Der hoch, ein Lenker der Geschichte, thront,
Allmächtig über menschlichem Bestreben,
Vor dessen Geist sich alle Enge weitet,
Sich über Irrtum Licht der Wahrheit breitet,
Er hat mit seinem Schutze mich umgeben!
Er ist, dem ich vertrau', mein starker Fels, mein Hort,
Er ewig mein Besitz, was auch der Feind mir raube,
Und scharf und blank ist, wie zuvor, mein Schwert, das Wort,
Und stark, von keinem Pfeil durchbohrt, mein Schild, der Glaube!

Von dem Verfasser erschien im Verlage von **Heinsius** in **Bremen** die erzählende Dichtung:

„Perpetua und Felicitas"

Zweite Auflage.

Druck von Friedr. Andr. Perthes in Gotha.